1592년 8월 28일부터 9월 2일까지 연안성에서 왜군과 싸운 전투
생부 사류재 이정암의 셋째 아들 시선에 의한 연안대첩에 대한 기록
《서정일록》·《행년일기》와는 다른, 연안 전투의 급박한 현장 기록

손재 이준 임진일기
遜齋 李濬 壬辰日記

李濬 원저·申海鎭 역주

머리말

　임진왜란의 3대첩은 행주대첩, 진주대첩, 한산대첩이고, 육전 3대첩은 진주대첩, 연안대첩, 행주대첩이다. 이 책은 바로 연안대첩을 이끈 사류재(四留齋) 이정암(李廷馣, 1541~1600)의 셋째 아들 손재(遜齋) 이준(李濬, 1570~1599)이 쓴 〈임진일기(壬辰日記)〉를 번역하였다.
　이 임진일기는 2024년 10월 3일 임진란정신문화선양회가 주최한 "평택지역의 임진전쟁사 연구" 학술대회에서 강원대학교 정용건 교수가 '이정함(李廷馠)·이준(李濬) 부자의 임란 시기 활약과 그 추모 양상' 발표문을 통해 처음으로 소개된 것이다. 이준은 이정암의 셋째 아들로, 백부 이정함이 후손이 없자 양자가 되어 대를 이었다.
　이 학술대회에서 경주이씨 국당공파 혜은공 종중 회장이신 고려대학교 이치우 명예교수가 이 사실을 알고 역주자에게 번역을 의뢰해 왔다. 이정암이 선조(宣祖)의 파천하기 전날인 1592년 4월 28일부터 8월 14일을 제외한 10월 7일까지 156일간 쓴 일기《서정일록(西征日錄)》(『사류재 이정암 서정일록』, 보고사, 2023)을 번역한 일이 있었기 때문이다.

〈임진일기〉가 수록된 이정암의 문집은 1625년 증손 이정(李靖, 생몰년 미상)이 수안 군수(遂安郡守)로 있을 때 《퇴우정집(退憂亭集)》 상하 2권을 간행하였고, 이후 현손 이여주(李汝柱, 1649~1681)가 5책의 정고본(定稿本)으로 만들었으며, 그 이후로 1736년 5세손 이성룡(李聖龍, 1672~1748)이 황해도 관찰사로 있을 때 《퇴우정집》을 보완하여 서명을 《사류재집(四留齋集)》으로 바꾸고 12권 5책의 목판본을 간행하였다. 1928년 11세손 이종학(李鍾學)이 석인본으로 중간하기도 하였다. 이 문집의 권12에 〈임진일기〉가 실려 있다.

이 문집의 8권에는 〈행년일기(行年日記)〉상·하가 수록되어 있는데, 《서정일록》과 겹치는 부분이 상당히 있다. 장준호가 친필 초서본 《서정일록》과 《사류재집》에 수록된 〈행년일기〉의 목차와 내용을 비교하고 검토한 결과에 의하면, 《서정일록》은 이정암의 피난 여정과 의병 창의의 동기와 과정이 윤색없이 기술되어 있는 반면, 〈행년일기〉는 이정암의 개인적 피난 생활과 관련된 내용을 대폭 줄이고, 임진왜란의 전황과 조정의 동향에 관한 기술을 중심으로 정리된 것이라 하였다.

이처럼 이정암에게 관심을 집중하고 있었을 때, 정용건 교수와 이치우 명예교수에 의해 연안대첩 관련 귀중한 문헌을 접하게 된 것이었다. 〈행년일기〉가 담정(潭庭) 김려(金鑢, 1766~1822)의 야사집 《한고관외사(寒皐觀外史)》 권68에 수록되어 있었던 것을 기억하여 확인하던 중, 〈유재행년기(留齋行年記: 사류재집 권8 〈행년일기〉)〉와 함께 이준의 〈임진일기〉가 실렸음을 확인하였는데, '손재일기(遜齋

日記)'로 명명되어 있었다.

 1987년 경주이씨중앙화수회가 발간한 대종보에는 이준의 호(號)가 '둔재(遯齋)'로 분명 기재되어 있는바, 몹시 난감한 상황이었다. 후손 이치우 명예교수와 상의하던 중, 누구로부터 호를 지어준 내력이 이정암의 문집에 수록되어 있다는 것을 들었다고 하였다. 그리하여 《사류재집》을 찾아보니, 권7 〈잡저(雜著)·이자명재설(二子名齋說)〉에 이준은 '손재'라 하고 이홍(李泓: 개명 李泂)은 '묵재(默齋)'라 하였음을 알 수 있었다. 그래서 이준의 호를 '둔재'라 하지 않고 '손재'라 하였다.

 이준의 본관은 경주(慶州), 자는 중언(仲彦), 호는 손재이다. 증조부 이달존(李達尊, ?~1547)은 1522년 진사시에 합격하였으나 벼슬은 하지 않았고 이조판서에 추증되었다. 조부 이탕(李宕, 1507~1584)은 1534년 생원진사 양시에 합격하여 강릉(康陵) 참봉, 귀후서 별제(歸厚署別提), 의금부 경력(義禁府經歷), 장악원 직장(掌樂院直長), 사직서 영(社稷署令) 등을 지냈으며, 후학 양성에 힘써 윤탁연·윤우신 등 많은 인물이 배출되었다. 생부 이정암(李廷馣, 1541~1600)은 1558년 진사시에 합격하고 1561년 식년문과에 급제하였다. 병조참판, 전주부윤, 전라도관찰사 등을 역임하였으며, 1592년 임진왜란 때 초토사로 연안대첩을 이끌었다. 이 공로로 월천부원군(月川府院君)에 추봉되고 좌의정에 추증되었다. 생모는 윤광부(尹光富)의 딸 파평윤씨(坡平尹氏)이다. 양부는 백부 이정형(李廷馨, 1534~1599)으로 1558년 생원시에 합격하고 음직(蔭職)으로 삼례 찰방(參禮察訪)

을 지냈다. 양모는 노석(盧奭)의 딸 광주노씨(光州盧氏)이다. 이준은 이정암의 셋째 아들로 태어났는데, 그의 면모를 조금이라도 살펴볼 수 있는 글로 숙부 이정형(李廷馨, 1549~1607)이 지은 제문 〈제유자준문(祭猶子濬文)〉만 유일하게 남아 있어 이 책에 번역하여 부록으로 실었다.

이준의 〈임진일기〉는 이정암이 의병을 규합하여 연안성에 입성하자 왜적을 피해 떠났던 연안의 백성들이 모여들기 시작해 일심동체가 되어 8월 27일부터 9월 2일까지 왜적과 치열한 공성전(攻城戰)을 벌이다가 끝내 패퇴시키고 승리를 거둔 '연안대첩(延安大捷)'을 초점화하여 기록한 것이다. 비교적 객관적인 태도로 기술된 〈서정일록〉에 비해, 전체적인 전황, 각 인물의 행동, 구체적인 대화에 이르기까지 상세히 기록하고 있다. 임진왜란기 해서지역 의병 활동과 연안성 전투를 연구하는 데 있어 또하나의 매우 중요한 사료라 하겠다.

이 글을 통해 전란에 내던져진 연약한 개인들이 스스로 감당하기 어려운 극심한 폭력적 전쟁 앞에 좌절하기만 한 것이 아니라 어떻게 처절히 극복해 살아남았는지, 그러기 위해서는 한 가문이 어떠한 희생을 감내해야 했는지, 참혹한 역사의 기록을 곱씹어 보기를 바란다.

《예기(禮記)》의 "선조에 좋은 것이 있는데 알지 못하면 밝지 못한 것이요, 알면서도 후세에 드러내어 전하지 못하면 어질지 못한 것이다.(先祖, 有善而弗知, 不明也; 知而弗傳, 不仁也.)"라는 가르

침을 몸소 실행한 이치우 명예교수에게 외경(畏敬)의 마음을 전하는 바다.

  한결같이 하는 말이지만 나름대로 최선을 다하고자 했다. 그러함에도 불구하고 여전히 부족할 터이니 대방가의 질정을 청한다. 끝으로 편집을 맡아 수고해 주신 보고사 가족들의 노고와 따뜻한 마음에 심심한 고마움을 표한다.

2025년 9월 빛고을 용봉골에서
무등산을 바라보며 신해진

차례

머리말 / 3
일러두기 / 11

• 번역 •

연안대첩 전말 ·· 15
  피난과 의병 결심 ·· 15
  의병 창의와 세력 확장 ································ 17
  연안성 입성과 방비 ···································· 19
  왜적의 포위와 결전 ···································· 20
  승리와 성 수호의 완결 ······························ 33
  이준 〈임진일기〉의 연안대첩 전말 개요 ······ 34

왜적의 재침과 퇴각 ·· 37

연안성 수호와 승전 기록 ································ 39
  승리 후 잔치와 사기 진작 ························· 39
  의병 집결과 연이은 전투 ··························· 40
  지역 회복과 전략적 의의 ··························· 40

전란과 충절의 길 ·· 41
  신하의 의리와 가문의 갈림길 ·· 41
  나라의 위기와 죽음의 결단 ·· 44
  천행 속에서 지켜낸 생명과 가문 ······································ 46

전란 속 자결과 희생 ·· 49
  둘째 형수 여흥민씨의 부덕과 결연한 죽음 ····················· 49
  죽음의 위기 속에서 살아남은 둘째 형 ····························· 50
  가족의 피란과 상실, 그리고 재회 ····································· 52
  민씨의 유골 수습과 충절의 전승 ······································ 53

전란 속 가족의 비극과 천명 ··· 54
  풍덕에서의 피난과 형제들의 선택 ···································· 54
  동생 이위의 죽음과 생사의 갈림길 ·································· 55
  둘째 형의 기적적 생존과 천명에 대한 성찰 ·················· 55

굶주림 속의 의리 ·· 56
  송아지 한 마리를 둘러싼 부자의 선택 ····························· 57

· 원문과 주석 ·

연안대첩 전말 ··· 61
왜적의 재침과 퇴각 ·· 74
연안성 수호와 승전 기록 ··· 74

전란과 충절의 길 ··· 75
전란 속 자결과 희생 ·· 78
전란 속 가족의 비극과 천명 ···································· 80
굶주림 속의 의리 ·· 81

• 부록 •

연안대첩 / 이정희 ··· 85
조카 이준 제문 / 이정형 ··· 88
후손기 / 이치우 ·· 93

찾아보기 / 98
[영인] 임진일기(壬辰日記) / 138

일러두기

이 책은 다음과 같은 요령으로 엮었다.

01. 번역은 직역을 원칙으로 하되, 가급적 원전의 뜻을 해치지 않는 범위 내에서 호흡을 간결하게 하고, 더러는 의역을 통해 자연스럽게 풀고자 했다. 다음의 자료가 참고되었다.
    - 『사류재 이정암 서정일록』, 신해진 역, 보고사, 2023.
02. 원문은 저본을 충실히 옮기는 것을 위주로 하였으나, 활자로 옮길 수 없는 古體字는 今體字로 바꾸었다.
03. 원문표기는 띄어쓰기를 하고 句讀를 달되, 그 구두에는 쉼표(,), 마침표(.), 느낌표(!), 의문표(?), 홑따옴표(' '), 겹따옴표(" "), 가운데점(·) 등을 사용했다.
04. 주석은 원문에 번호를 붙이고 하단에 각주함을 원칙으로 했다. 독자들이 사전을 찾지 않고도 읽을 수 있도록 비교적 상세한 註를 달았다.
05. 주석 작업을 하면서 많은 문헌과 자료들을 참고하였으나 지면관계상 일일이 밝히지 않음을 양해바라며, 관계된 기관과 여러분께 진심으로 감사드린다.
06. 이 책에 사용한 주요 부호는 다음과 같다.
    - ( ) : 同音同義 한자를 표기함.
    - [ ] : 異音同義, 出典, 교정 등을 표기함.
    - " " : 직접적인 대화를 나타냄.
    - ' ' : 간단한 인용이나 재인용, 또는 강조나 간접화법을 나타냄.
    - 〈 〉 : 편명, 작품명, 누락 부분의 보충 등을 나타냄.
    - 「 」 : 시, 제문, 서간, 관문, 논문명 등을 나타냄.
    - 《 》 : 문집, 작품집 등을 나타냄.
    - 『 』 : 단행본, 논문집 등을 나타냄.

임진일기壬辰日記

· 번역 ·

延安虎秋東傳宋西房書信十九日大雨三度呈辭
守倫字景至轄威 李璄來饋食物前縣監李斅送食物
玉軒崔墩人後郞
前監役趙守倫暎見二十日出宿于西江村家來李
秋帆艇束待二十一日來延安四舟宿于東面柳浦
二十二日朝水到泊于古洋前浦還家日未午矣

附遯齋日記 李清著

士辰之變大駕去邠家君追及於松京時叔父以
右承旨陪扈松京留守未幾大駕西幸叔父啓曰
臣兄某別無職事臣願與同守此地傳曰甚善以
此家君留在松京及臨津失守家君謂叔父曰此

담정(藫庭) 김려(金鑢, 1766~1822)의 야사집 《한고관외사(寒皐觀外史)》 권68에 〈유재행년기(留齋行年記: 사류재집 권8 행년일기)〉와 함께 〈손재일기(遜齋日記)〉로 실린 첫머리. 한국학중앙연구원 한국학 디지털 아카이브 제공

연안대첩 전말

피난과 의병 결심[1]

임진왜란이 일어나서 대가(大駕)가 도성을 떠났을 때, 가군(家君: 생부 李廷馣, 1541~1600)이 뒤따라가 송경(松京: 개성)에 이르렀다. 이때 숙부(叔父: 李廷馨, 1549~1607)가 우승지였다가 송경 유수(松京留守)로 옮겨 제수되었는데, 얼마 되지 않아 대가가 서쪽으로 거둥하자, 숙부가 장계를 올려 아뢰기를, "신(臣)의 형 아무개는 따로 맡은 직책이 없사오니, 신이 바라건대 함께 이곳을 지키고 싶사옵니다."라고 하니, 전교(傳敎)하기를, "매우 좋다."라고 하였다. 이 때문에 가군은 송경에 남아 있게 되었다.

임진(臨津)이 지켜지지 못해 함락되자, 가군이 숙부에게 이르기를, "이곳을 지켜 방어하는 일은 이미 손쓸 수가 없게 되었다. 그러나 너에게는 관리로서의 직책이 있으니, 다른 고을의 경계를 넘어서는 안 될 것이다. 나는 이미 직책에 따른 책임이 없으니,

---

1 번역문의 제목은 역주자가 독자들의 이해를 위해 붙인 것임.

몰래 늙은 어머니를 업고 도망가면 잠깐 동안이라도 목숨을 연장할 수 있을 것이다."라고 하였다. 마침내 노모를 받들어 모시고 해서(海西: 황해도 서부 지역)를 향했는데, 배천(白川)과 연안(延安)을 거쳐 해주(海州)의 화산촌(花山村)에 이르러 열흘 남짓 머물렀다.

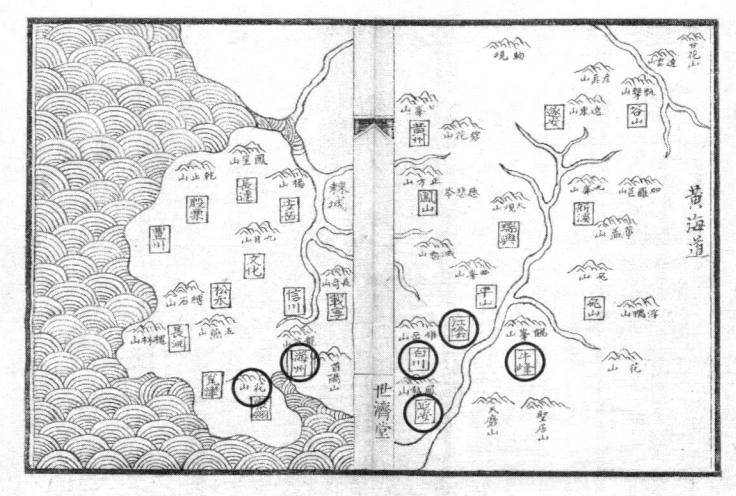

화산(해주)·연안·배천·강음·우봉

어느 날 밤, 가군이 자제들에게 말하기를, "이렇듯 나라가 위급한 때를 당하여 내가 죽음을 꾹 참고 살아가는 것은 오직 늙은 어머니가 살아 계시기 때문이다. 지금 왜적의 침략에 따른 재앙이 바로 눈앞에 닥쳤는데, 그저 앉아서 죽기만 기다린다면 불충하고 불효한 것이니 이보다 더 심한 일이 어디 있겠는가? 만약 향병(鄕

兵: 의병)을 규합하여 한 곳에 집결한다면, 잔적들이 노략질하고 훔치는 해악은 막을 수 있을 것이다. 그리고 사람들이 점차 왜적의 만행을 겪고 다 같이 왜적을 토벌하고자 한다면, 그것은 나랏일에 아마도 할 수 있는 일이 있을 것이다."라고 하였다. 곧바로 회문(回文: 순회하며 돌려 읽게 하는 격문)을 작성하여 마을마다 널리 알렸다. 여기에 있어서 모든 백성들이 잘못된 소문에 겁을 집어먹고 단 한 사람도 모집에 응하는 자가 없었다.

의병 창의와 세력 확장

가군은 달리 어찌할 수가 없어서 장차 강화(江華)로 피난하고자 하여 밤을 틈타 샛길을 따라 이리저리 돌아 나왔는데, 일행이 배천(白川)의 금산촌(金山村)에 이르자 비에 막혀 하루를 머물게 되었다. 그 고을 사람 김덕함(金德諴)・박춘영(朴春榮)・조종남(趙宗男)・조정견(趙庭堅) 등이 찾아와 모였는데, 모두 의병을 일으키기로 모의하고 가군에게 의병을 거느리는 대장이 되어주기를 청하였다. 가군이 그들에게 말하기를, "여러분이 의로움으로 기개가 있어 왜적을 토벌하고자 하는데, 하물며 나처럼 나라의 은혜를 두텁게 입은 사람이 어찌 늙었다고 하면서 사양할 수 있겠는가?"라고 하였다. 마침내 배를 빌려서 온 집안의 자제들로 하여금 늙은 어머니를 모시고 강도(江都: 강화도)로 들어가게 하고는, 유독 아들 이준(李濬)에게는 배천에 남아 일을 도모하게 하였다.

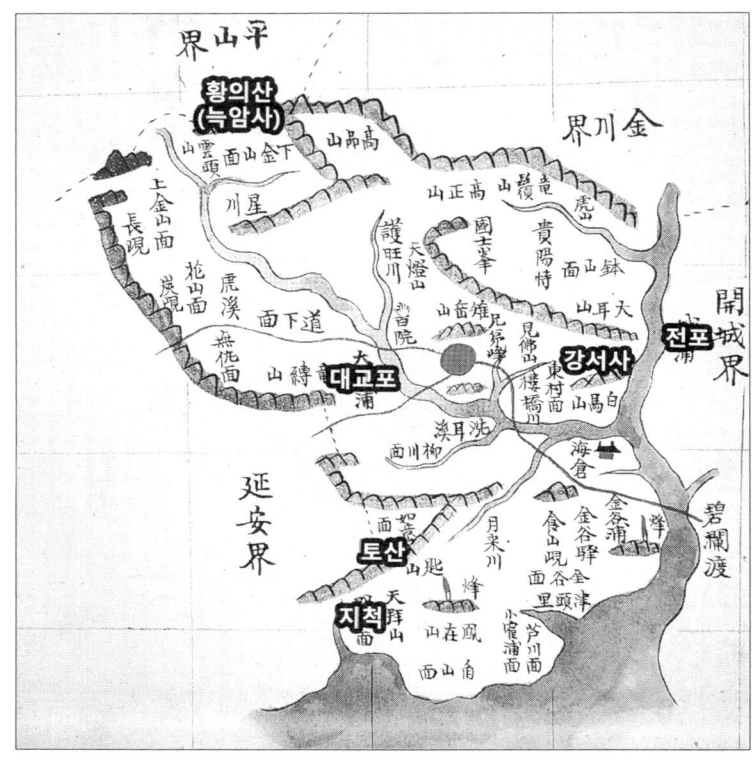

대교포·전포

　처음으로 대교(大橋) 포구의 시골집에서 모여 의사(義士) 수십 명과 함께 명부에 이름을 적어 넣고 맹세를 하였다. 이로 인하여 인근 고을에 두루 격문을 보내어 의병을 일으켜서 회합에 오도록 했는데, 바로 7월 24일이었다. 다시 증산(甑山)에서 군사들을 점고하니, 무리가 400여 명에 이르렀다. 이에, 민인로(閔仁老)·조응서(趙應瑞)·변렴(邊濂) 등 세 사람에게 배천의 무리를 나누어 맡기고, 또 조정견·김덕함·조광정(趙光庭)·장봉서(張鳳瑞) 등을 각 고을로 나누어 파견해 군사를 모집하게 하였다. 이날 왕세자(王世子: 광해군)의 유지(有旨: 분부를 전하는 문서)가 이천(伊川)에서 왔는데, 초토사(招討使)의 직임을 준 것이었다. 연안(延安) 사람 장응기(張應祺: 張應箕)와 송덕윤(宋德潤) 등도 또한 군사를 일으켜 와서 호응하니, 이로부터 의병의 형세가 점차 떨치게 되었다.

연안성 입성과 방비

가군이 여러 장수와 군사들에게 이르기를, "지금 병력이 비록 많지만 머무는 곳에는 진영(陣營)과 보루(堡壘)가 없고 행군할 때는 장비도 없으니, 만일 왜적을 만나기라도 하여 그저 절로 무너져 흩어질 뿐이면 의병이란 것이 무슨 소용이 있겠소? 연안성(延安城)은 왜적의 침입을 겪은 뒤라서 성가퀴가 조금이라도 온전하니, 성이 텅 비고 방비가 허술한 지금을 틈타 들어가 지키면 왜적이 틀림없이 쳐들어올 것인데, 싸워서 이기면 해서(海西)를 보호하는 보루가 되어 회복을 도모할 수 있을 것이고, 싸우다가 불행히 패하면 마땅히 죽을 곳을 얻어 죽어도 또한 여한이 없을 것이오. 내가 마땅히 연안성에 들어가 생사를 결단할 것이오."라고 하였다. 무리들은 모두가 위태롭게 여겨 누구도 감히 그렇게 하자고 승낙하지 않았지만, 오직 아들 이준(李濬)만은 곁에서 힘써 권하였다. 마침 연안부사(延安府使) 김대정은 왜적을 피해 멀리 달아났지만 곧 불러서 돌아오도록 하였고, 또 전 군수(前郡守) 전현룡(田見龍)을 연안부사의 참모관으로 삼아 한편으로는 병사를 모아 성을 수리하도록 하면서 다른 한편으로는 군량을 마련하여 쌓아두었다. 마침내 성안에 들어가 머물며 전투와 수비의 계책을 세웠으니, 바로 8월 22일이었다.

이때 연안 백성들 가운데 산골짜기로 피난했던 자들이 가군의 입성 소식을 듣고 노인을 부축하고 아이를 끌며 끊임없이 잇달아 몰려왔다. 성에 들어온 지 대엿새쯤 되자 남녀노소가 거의 2,000명에 이르렀다. 병졸의 수는 성가퀴 사이에 늘어세우는데 충분하였으나, 전투 장비는 빗자루로 쓸어낸 듯 매우 부족하여 활과 화살을 갖춘 자는 200명에도 미치지 못하였다. 오직 돌덩이와 나뭇가지만 성위에 쌓아두었고, 또 여장(女墻: 성의 낮은 담장) 사이마다 솥을 많이 걸어놓고 장작불을 지펴 물을 끓여서 쏟아부어 왜적을 막는 도구로 삼았는데, 무리는 모두 그것을 허술하다며 비웃었다.

왜적의 포위와 결전

8월 27일, 왜적이 해주(海州)와 강음(江陰)에서 각각 길을 나누어 갈라져서 쳐들어오니 사방의 경내 안에 연기와 불길이 하늘을 뒤덮었는데, 이는 왜적이 먼저 군대의 위세로 위협하여 겁을 주며 몰아내려 한 것이다. 이날 막하의 장수들이 논의하였으나 서로 일치하지 않았다. 종사관(從事官) 우준민(禹俊民)과 장서기(掌書

記) 정여충(鄭汝忠)·이신갑(李臣甲) 등이 모두 말하기를, "지금 이 곳으로 해주의 왜적이 군사들을 모두 동원하여 쳐들어오고 있으니, 천근의 무게로 새알을 누르는 것과 같아 필시 살아남지 못할 것입니다. 막부(幕府)의 직책은 초토사(招討使)이니 상황을 살펴 진퇴를 결정하여 그로써 공을 삼으면 되는 것입니다. 어찌 헛되이 연안성에서 죽을 수 있겠습니까? 차라리 속히 성을 나가 흉적의 칼끝을 피하는 것이 상책입니다."라고 하였다. 가군이 말하기를, "제공(諸公)들이 말한 바도 또한 일리가 있는 것 같소. 다만 어리석은 백성들이 내가 성을 지킨다는 소식만 듣고 분주히 달려와 의지하였는데, 하루아침에 위급하다고 하여 그들을 버리고 떠난다면 이는 신의가 없는 일일 것이오. 차라리 나는 의리로써 이곳에서 같이 죽을지언정, 차마 백성들을 물고기나 고기처럼 도륙당하는 화를 당하게 내버려두고 홀로 내 자신만 면하게 한단 말이오?"라고 하고는, 이어서 좌우의 사람들에게 묻기를, "내 생각이 어떠하오?"라고 하니, 종사관 유한량(劉漢良)·이계록(李繼祿) 등이 모두 떠나서는 안 된다고 하였고, 아들 이준(李濬) 또한 말하기를, "차라리 의리로 죽을지언정, 요행히 살려고 해서는 안 됩니다."라고 하였다. 우준민이 다시 이준에게 말하기를, "이 성이 함락될 것은 손바닥 보듯 뻔한데도 그대는 어찌 아버지를 반드시 죽을 곳에 두고 구하려 하지 않는가?"라고 하자, 이준이 말하기를, "아버지에게 구차히 살고자 하는 마음이 있다면, 자식 된 자로서 당연히 몰래 업고라도 도망쳤을 것입니다. 그러나 지금 나의 아버지는 의를 위하여 자신을 잊고 나라를 위해 목숨을 바치려 하시니, 자식으로서 응당 아버지를 따라 함께 죽고 사는 것이 옳습니다. 어찌 감히 불의한 말을 아버지에게 아뢰겠습니까?"라고 하였다. 가군이 우준민에게 말하기를, "그대에게는 연로한 부모가 있으니 가서 뵙도록 하오."라고 하니, 우준민이 곧바로 성을 나가 달려갔다. 그러나 막하에서 이견(異見)을 내는 자들이 여전히 시끄럽게 떠들었는데, 한 선비가 끝내 고집스럽게 지킬 수 없을 것이라고 하자, 유한량이 성난 목소리로 말하기를, "이와 같은 자들은 사람들의 마음만 어지럽힐 뿐이니, 발을 잡아 성 밑으로 끌어내던져야 마땅하다."라고 하였다. 가군 또한 말하기를, "떠나고자 하는 자는 내가 막지 않겠다. 다만 다시는 내 귀를 거슬리게 하지 말라."라고 하고는, 곧 명을 내려 말하기를, "감히 다시 성을 나가자는 말을 하는 자는 참하겠다."라고 하니, 병졸들이 모두 소리치며 말하기를, "대장이 죽음을 아끼지 않으시니, 우린들 어찌 감히 목숨을 바치지 않겠습니까?"라고 하니, 사람들이 싸우다가 죽겠다는 마음을 품었다. 왜적이 가까운 교외에 이르러 아직 미처 포위하지 못하고 있었을 때, 곧바로 조종남·민인로가 배천에서 몇 기병을 거느리고 달려와 성으로 들어와 구원하니, 사람들이 모두 장하게 여겼다. 연안 사람 심경우(沈慶祐) 또한 성 밖에서 들어와 구원하였다.

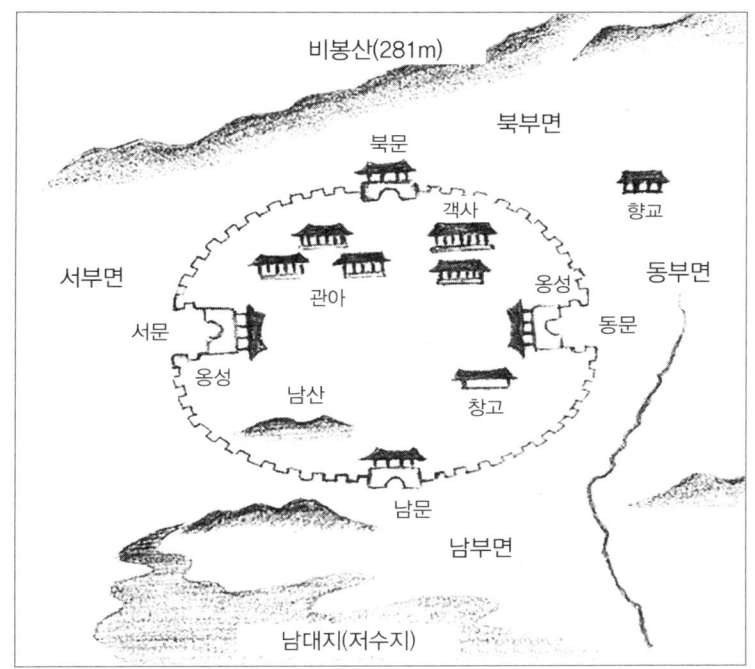

황해도 연안읍성

28일 이른 아침, 왜적의 만여 기병(騎兵)이 서쪽에서 몰려와 외남산(外南山)과 서문(西門) 밖 5리 안에 진(陣)을 쳤다. 부대의 대오가 엄하고 정연하여 조금도 어지러움이 없었으며, 칼과 창은 햇빛에 비쳐 서리와 눈처럼 빛났으며, 붉은 기와 자주 깃발, 금빛과 은빛이 서로 뒤섞여 바라보니 현란하여 사람으로 하여금 혼을 빼앗을 듯했다. 가군이 견여(肩輿: 좁은 길을 오를 때 쓰는 간단한 가마)를 타고 성 위에 올라 사방을 두루 둘러보고 좌우의 사람들에게 돌아보며 말하기를, "왜적은 두려워할 것이 못 된다."라고 하였다. 사람들은 모두 입으로 호응하며 그것을 단지 안심시키려는 말로 여겼으나, 실제로는 가군의 속마음에 이미 적을 쉽게 여기는 생각이 있었던 것을 알지 못하였다. 왜적 수십 기병이 진중(陣中)에서 갑작스레 뛰쳐나왔는데, 백마를 타고 흰 깃발을 멘 적장(賊將)이 앞장을 서서 성곽을 두루 살피며 북산(北山)까지 이르렀다. 그런데 그 장수의 등 뒤 깃발이 홀연히 부러져 꺾였다. 가군이 손가락으로 가리키며 말하기를, "이는 적이 싸우다 패할 조짐이다."라고 하니, 군중(軍中)에서 자못 괴이하게 여겼다. 이윽고 왜적이 글을 화살에 묶어 성 안으로 쏘아 보냈다.

그 글은 곧 우리나라 이서배(吏胥輩)가 쓴 것이었다. 이두(吏讀: 관청 문투 또는 아전들이 일상적으로 사용하던 문투) 문투가 섞여 거칠고 조잡하기가 비할 데 없었는데, 그 대략 이르기를, 「조선 8도는 모두 이미 무너지고 흩어져 감히 교전하지 못하는데, 어느 어리석고 망녕된 자가 있어 감히 성을 지키려는 생각을 했단 말인가? 만약 장수를 죽이고 항복해 오는 자가 있으면, 천한 자는 천한 신분을 면하게 하고 양반은 벼슬을 주겠다.」라고 하였지만, 곧바로 그것을 불태워 버렸다. 왜적이 또 글을 활로 쏘아 보냈는데, 뜻밖에 한글로 쓴 것이었다. 그 뜻은, 「왜적의 병력은 만에 하나라도 이기지 못할 리가 없으니, 천금 같은 몸을 돌아보고 아끼지 않단 말인가? 오늘 밤 동쪽으로 도망치면 화를 면할 수 있을 것이다.」라고 하였는데, 편지의 말미에는 "우리나라 포로 통역관 김선경(金善慶)

삼가 짓다."라고 되어 있었으나, 또한 그것을 불태워 버렸다.
 김선경이란 자가 크게 외치며 묻기를, "어찌하여 대답하지 않는 것이오?"라고 하니, 가군이 말하기를, "대답할 수 없다."라고 하였다. 그러나 막하의 선비들이 서로 의논하여 말하기를, "도리어 당당히 큰 소리로 꾸짖는 것이 옳습니다."라고 하니, 즉시 답장을 지어 보냈다. 그 대략 이르기를, 「천병(天兵: 명나라 군) 10만 명이 이미 평양(平壤)을 공격했고, 남쪽 군사 5만 명이 곧바로 경성(京城)으로 향하고 있는데다 의병 3만 명이 강화(江華)에서 바다를 건너 해주(海州)로 향하고 있다. 이 성안에도 또한 정예병 수만 명이 있는데다 멀고 가까운 곳에서 서로 약속하였으니 왜적을 멸할 날이 임박하였다. 너희들처럼 포로가 된 자들도 밤을 틈타 도망쳐 오면 목숨을 건져 살아갈 수 있을 것이다.」라고 하였다. 김선경이란 자가 또 답서를 보내어 말하기를, 「천장(天將: 명나라 장수) 조승훈(祖承訓)은 대패하여 돌아갔고, 전라도 관찰사는 용인(龍仁)에 이르러 무너져 달아났으며, 고경명(高敬命)·조헌(趙憲)도 모두 패하여 죽었는데, 이런 소식은 미처 듣지 못했을 터이니 부디 헤아려 잘 생각하고 처신하라.」라고 하였다. 이러한 말을 듣고 나서 약한 모습을 보여서는 안 된다며 다시 답장을 보내어 말하기를, "천병이 비록 패하였고 남쪽 군대가 비록 무너졌다 하더라도 이 성은 함락되지 않을 것이다. 다시는 여러 말을 하지 말라."라고 하니, 김선경이란 자가 글을 보고 크게 외쳐 말하기를, "내 말을 듣지 않으면 응당 후회가 있을 것이니 삼가고 또 삼가라."라고 하였다.

　이날 해가 저물 무렵, 왜적이 성의 서쪽으로 진격해 바싹 다가오면서 불화살을 성 안의 초가집에 쏘니, 성에서는 불을 끄느라 소란스러웠다. 가군이 전령(傳令)을 보내어 이르기를, "감히 재빨리 도망치거나 소란을 피우는 자는 참한다."라고 하고는, 아병(牙兵)을 보내어 방울을 울리며 성을 순찰하게 하니, 성 안이 엄숙하고 조용해져 더 이상 소란이 없었다. 그리고 왜적의 불화살은 단지 가까운 곳에만 미쳤고 잠시 뒤에 절로 꺼졌다. 왜적은 우리 군사들이 두려워하지 않는 것을 보고 약간 물러났지만, 대포를 쏠 수 있는 틈을 엿보며 기다리는 것을 종일토록 그치지 않았다. 성 위의 방패에 조금이라도 틈새가 있으면 번번이 빗나가지 않고 명중하였으니, 이는 모두 활쏘기에 매우 뛰어난 자들이었다. 우리 군사 또한 편전(片箭: 짧은 화살)을 쏘아 적군 십여 명을 맞혔다.

　해가 진 뒤, 적군은 고요하여 아무런 소리도 없었는데, 이는 저녁 식사를 마치고 잠시 쉬는 것이라 여겨졌다. 가군이 전령을 보내어 이르기를, "왜적은 반드시 우리가 방심한 틈을 타서 급습하려는 계획을 세울 것이다. 모든 군사들은 방심하지 말고 제각기 횃불을 밝혀 성 아래를 비추며 감히 진격해 다가오는 자가 있으면 쳐부수라. 부디 소란을 피우거나 경거망동을 하지 말라."라고 하고는, 막하의 병사들을 나누어 보내어 성 위에 두루 일러 주도록 하였다.

　얼마 지나지 않아 왜적들이 과연 고함을 지르며 달려들었는데,

조총 수천 자루를 한꺼번에 일제히 쏘니 소리가 천지를 진동하고 총알이 비처럼 쏟아졌다. 이날 밤은 가을 하늘이 맑고 환하여 은하수가 밝게 빛났지만, 독한 연기가 자욱하게 가려 지척도 분간할 수 없어 어찌할 바를 몰랐다. 다행히도 성 위에서 지키던 병졸들은 미리 대비하여 기다리고 있었던 까닭에 놀라 흩어지지 않았을 뿐이다. 대개 왜적은 오직 병력의 위력으로 두렵게 하여 몰아내려는 것이었으나, 실제로 성 아래까지 바싹 다가오지는 않았다.

삼경(三更: 밤 12시 전후) 이후, 적의 기세가 점차 수그러들고 함성도 다소 줄어들었다. 가군이 막료들에게 말하기를, "왜적이 조금 나태해진 틈을 타 깜짝 놀라도록 하여 동요하게 할 수 있다."라고 하고는, 마침내 전령을 통해 명을 내리기를, "성 위에서 뿔나팔 소리가 들리면, 성 안의 남녀노소가 일제히 함성을 지르고, 모든 군졸들은 세차게 북을 쳐서 호응하라."라고 하였다. 드디어 나팔을 잘 부는 자를 성 위의 가장 높은 곳에 올라서 한번 부르도록 하자, 모든 군사들이 북을 치고 함성을 질러서 마치 장차 출전하려는 것과 같은 듯하니, 그 소리가 산악을 뒤흔들었다. 적은 기세가 꺾인데다 우리가 대비하고 있음을 알고서 마침내 조금 물러났다. 이날 밤, 배천 사람 봉요신(奉堯臣)과 조서룡(趙瑞龍)이 은밀히 성 아래에 이르렀는데 활과 화살을 가지고 와서 바쳤다. 이 사람들은 오직 의를 맺은 인연으로써만 위급한 난리 속에서도 서로 보살피니, 어찌 그리도 의롭단 말인가.

왜적이 또 외남산(外南山) 위에서 무언가를 짓는 듯했으나, 밤이 캄캄하여 제대로 자세히 살펴볼 수는 없었고 단지 칼질과 톱질 소리만 들릴 뿐이었는데, 날이 밝기를 기다려 보니 바로 비루(飛樓: 성을 공격하기 위해 세운 높은 누각)였다. 이는 왜적이 성 아래에 있으면서 비록 조총을 쏘더라도 탄환이 모두 위로 솟아오르다가 아래로 떨어질 때의 여세로는 사람을 해칠 수 없었던 까닭에, 곧 비루를 세워 성 안을 굽어보며 철환으로 먼저 한쪽 모퉁이를 무너뜨리려는 계책이었다. 그러나 비루에서 쏜 쇠 탄환은 성 위의 순찰병들만 비껴 맞을 뿐, 성가퀴를 지키는 병사들을 곧바로 맞히지는 못하자, 성을 지키던 군사들은 모두 성가퀴 아래로 물러나 서서 몸을 피했다.

　왜적은 반드시 무너뜨리려는 계책으로 또다시 성첩(城堞: 성카퀴) 주위 곳곳에 비루를 세워 쇠 탄환을 비껴 쏘아서 성가퀴 아래까지 닿게 하니, 많은 사람이 맞아 죽어 형세가 보존하기 어려웠다. 가군은 즉시 여러 군사들에게 흙과 돌을 지어 나르게 하여 비루와 마주한 곳에 낮은 담을 쌓게 하니, 뭇사람의 힘을 모두 써서 잠깐 사이에 완성하였다. 게다가 현자총통(玄字銃筒)에 신기전(神機箭)을 장전하여 비루를 향해 위로 쏘니, 비루가 화살을 따라 산산이 부서져 떨어졌다. 산 아래에 있던 왜적의 간담 또한 이로 인해 부서졌으니, 이는 바로 승리의 전조였다.

　왜적이 또 여염집의 자재를 뜯어 진영 앞에서 성 아래까지 목책(木柵)을 잇달아 설치하여 화살과 돌을 막고, 끝내 볏짚으로 호참(壕塹: 해자)을 메웠다. 수비 장수가 와서 고하기를, "어찌해야 하겠습니까?"라고 하니, 가군이 말하기를, "평평하게 가득 메우기를 기다렸다가 불을 던지면 절로 다 타버릴 것이다."라고 하였다. 수비 장수가 또 고하기를, "왜적이 또 푸른 풀을 그 위에 쌓아두어 불이 붙을 수 없으니, 어찌해야 하겠습니까?"라고 하니, 가군이 말하기를, "비록 해자가 없다 해도 왜적이 어찌 날아서 성 위로 들어올 수 있겠는가? 오직 성가퀴만 굳게 지키며 죽기로 싸울 뿐이다. 감히 올라오는 자가 있거든 불을 던지면 왜적이 어찌 감히 성에 오를 수 있겠는가?"라고 하였다. 수비 장수가 또다시 고하기를, "해자가 이미 메워져 왜적이 성 아래로 다가왔으나, 형세상 내려쏘기가 어려워서 공격하여 물리칠 방도가 없으니, 어찌해야 하겠습니까?"라고 하니, 가군이 곧 여러 군사들에게 명하여 사람이 사는 집들을 헐어 성가퀴 밖에 격대(隔臺)를 세우게 하였다. 장사(壯士) 몇 사람이 그 안에 들어가 성가퀴에 달라붙은 왜적을 좌우에서 활을 쏘니, 활시위를 당기면 응하여 쓰러지지 않은 자가 없었다.

한 적장(賊將)이 백마를 타고 황금 갑옷을 입고서 투구와 얼굴 가리개를 갖춘 채 전투를 독려하는 것이 매우 심했다. 아군이 그를 쏘니 화살이 빗발처럼 떨어졌으나, 갑옷이 견고하여 뚫지 못했다. 적추(賊酋: 적장)가 스스로 팔을 들어 지휘하며 조금도 피하지 않았다. 포수(砲手) 김한걸(金漢傑)이란 자가 작은 조총으로 그의 이마를 명중시키자, 적장은 몸을 뒤집히며 땅에 떨어졌다. 이는 전날 깃발을 메고 있다가 꺾였던 바로 그 자였다. 그 부하들이

시체를 거꾸로 끌고 달아났다. 왜적이 성을 더욱 맹렬히 공격하니, 사람들은 모두 힘겹게 싸우면서 조금도 물러서지 않았다. 그러나 혹자는 도망칠 궁리를 하여 황혼 무렵 동문 안에서 무리를 지어 모였다. 막하의 사인(士人) 이기(李墍)가 마침 감문(監門: 성문을 지키는 낮은 관리)으로 가서 칼자루를 눌러 잡고 문 앞에 서서 성난 목소리로 말하기를, "어두운 밤에 누구가 오는지 알 수 없으니 귀천을 막론하고 모두 베겠다!"라고 하였다. 무리들이 마침내 흩어져 갔다.

어떤 사람이 와서 아뢰기를 "태수 김대정이 이미 도망쳤습니다."라고 하자, 가군은 곧바로 아들 이준(李濬)에게 가서 그를 만나보도록 하였다. 김대정은 활을 버리고 칼을 푼 채로 남쪽 성 위에 웅크리고 앉아 있었는데, 이준이 오는 것을 보고는 손을 잡고 통곡하며 말하기를, "영남(嶺南)에서 관서(關西)에 이르기까지 성을 지켜 낸 곳이 하나도 없는데도, 사상(使相: 초토사 이정암)은 홀로 허황한 계책을 내어 나 김대정을 비롯한 무리들까지 억지로 충신 노릇을 하게 만들었으니, 과연 무슨 이익이 있겠는가?"라고 하니, 이준이 위로하고 달래어 말하기를, "어찌 이처럼 겁내고 두려워하는 것이 심하십니까? 오늘 밤 힘써 싸운다면 마침내 큰 공을 이루게 될 것이니 힘내고 힘내시기 바랍니다."라고 하자, 김대정은 근심하며 잠자코 물러갔다. 본디 김대정은 처음에 도망치려 하였으나 이기(李墍)가 막아서자 급히 전쟁터로 달려간 것이었다. 그러나 가군은 이를 드러내어 밝히고자 하지 않아 그냥 두고 따져 묻지 않았다.

 이 때문에 성 안이 크게 동요하자, 사람들이 굳게 지킬 생각이 없었고 마을 부녀자들 가운데 통곡하는 자가 많이 있었다. 이에 가군이 장작더미 위에 앉아 가동(家僮) 몇 사람에게 횃불을 들고 좌우에 늘어서도록 하면서 약속하기를 "왜적이 만약 성을 함락하면 곧바로 이 더미를 불태워 나를 흉적의 칼끝에서 벗어나게 해주오."라고 하였다. 군중(軍中)은 모두 감격하여 눈물을 흘리며 분연히 크게 외쳐 말하기를, "대장이 죽음을 무릅쓰는데 우리들이 어찌 살기를 도모하겠는가?"라고 하였다. 사람들은 모두 힘써 싸웠는데, 성가퀴를 지키던 병졸이 혹 전사하면 다른 이들이 앞다투어 그 자리를 대신하여 서면서도 오히려 늦을까 두려워하였다. 누구도 백 명을 당해 내지 않는 사람이 없었는데, 별장(別將) 장응기(張應祺)와 군관(軍官) 민해수(閔海壽)가 가장 힘써 싸웠으니, 강궁(强弓: 시위의 탄력이 아주 센 활)으로 굽어 쏘자, 왜적이 비록 중무장한 갑옷을 입었어도 화살이 모두 깃까지 박혔다. 막하의 사인(士人) 목효범(睦孝範)이 먼저 화공(火攻)의 계책을 세웠으니, 풀을 묶어 횃불을 만들고 여러 곳에 나누어 주었지만 쓰고도 다함이 없었다. 그는 밤새도록 성을 돌며 전투를 독려하는데도 게을리하지 않았으니, 일흔 살 노인이었으나 이처럼 강건하였다. 북성(北城)의 왜적은 밤이 깊도록 물러가지 않았고, 전투는 한창이었다.

 서문(西門) 위에서 갑자기 고함 소리가 크게 일어나 급히 달려가 보니, 왜적이 이미 성에 올라와 있었다. 이는 왜적이 북성(北

城)에서 접전을 벌이다가 서문이 방비되지 않은 틈을 타서 긴 사다리를 만들고, 용감한 병사 몇 명을 미리 사다리 위에 태운 뒤 끌어올리는 밧줄을 이용하여 해자 밖에서 성 위에 걸쳐 놓았기 때문이다. 수비 병사들은 갑작스레 왜적을 만나 막아내지 못하고 뿔뿔이 흩어져 달아났다. 그러나 다행히도 왜적이 지형을 잘 알지 못하여 사다리를 곡성(曲城) 위에 걸었기 때문에, 왜적이 비록 성에 오르기는 했지만 앞으로 난 길이 구불구불하여 곧장 성 안으로 돌입하지는 못했다. 이때 수비 장수 이대춘(李大春)은 곧 불을 들고 나와 왜적이 나올 길을 막아 차단한 뒤 큰 소리로 외쳐 모든 군사를 불러 모았다. 흩어진 병사들이 다시 모여들어 혹은 횃불을 던지고 혹은 짚단을 던지니, 왜적은 불에 막혀 넘어오지 못했다. 무리들이 모두 죽을 힘을 다해 싸우며 나무와 돌로 공격하였는데, 양군이 서로 맞붙어 싸우는 소리가 산악을 진동시켰다. 그러나 사다리 위의 왜적은 개미처럼 계속 기어 올라왔는데, 앞선 자가 비록 죽더라도 뒤따르는 자가 이어 오르니, 형세상 죽여 물리치기가 어려웠다.

  갑자기 동풍이 거세게 불어 연기와 불길을 휘몰아 일으키니, 불똥이 달리는 듯이 날아 흩어져 길게 걸쳐 놓은 사다리를 불태워 끊어 버렸다. 아군이 기세를 몰아 펄펄 뛰며 나아가자, 성 위에 올라온 왜적은 산산이 부서져 육장(肉醬: 살점이 짓이겨진 상태)처럼 되었다. 곧 성가퀴 사이에 늘어서서 횃불을 무수히 아래로 던지니, 불길은 세차고 바람은 거세어 100보 밖까지 번져 태워버렸다. 전날 설치했던 목책은 이날 밤 모조리 불타버렸다. 또 큰 돌을 굴려 떨어뜨리거나 끓는 물을 쏟아 부으니, 왜적은 모두 삶아져 문드러졌다. 날이 밝아 살펴보니, 시체가 성 아래에 쌓여 이루다 헤아릴 수 없었다.

서문(西門)에서 접전하고 있을 때, 왜적은 다시 남쪽 성을 급히 공격해 왔다. 무사(武士) 이몽열(李夢說)·조검(趙儉) 등이 힘껏 싸워 이를 물리쳤다. 이윽고 왜적이 나팔을 불고는 마침내 퇴각하여 본래 진영(陣營)에 주둔하였다. 성 안의 부녀자들이 다투어 항아리에 담은 술을 들고 나와 가군에게 따라 올리며 말하기를, "영감께서 원하신다면 한 번 맛보소서."라고 하면서, 모두가 눈물을 훔치며 감사를 표하지 않는 이가 없었다.

승리와 성 수호의 완결

이날, 왜적이 또다시 충거(衝車: 성을 들이받는 수레)를 만들어 모든 길로 일제히 진격해 왔는데, 아군이 승세를 틈타 힘써 싸워 이를 격퇴하였다. 해가 저물 무렵, 왜적이 다시 목책을 설치해 성 아래까지 접근해 왔는데, 어젯밤 전사한 시신을 모두 수습해 가서 한곳에다 쌓아놓고 불태웠다. 왜적이 또다시 긴 사다리 수십 개를 만들어 재차 싸우려 하였는데, 아군은 횃불을 만들어 성가퀴 사이에 환하게 밝혀두고서 북을 울리며 떠드는 소리가 밤새도록 그치지 않으니, 왜적이 놀라고 두려워 감히 진격하지 못하였다.

그 후로 적진에서 도망쳐 돌아온 이가 말하기를, "왜적이 이르기를, '연안의 사람들이 성벽에 끓는 물을 부어 돌을 뜨겁게 만들어 형세상 오르기가 어려웠다.'라고 하였습니다."라고 하였다. 성을 포위한 지 5일 만에 왜적이 마침내 달아나자, 장수와 군사들이 도리어 추격하려 하니, 가군이 말하기를, "병사들의 사기야 아직 꺾이지 않았으나, 말들이 이미 오래 굶주렸으니 들판에서 싸우는 것은 옳지 않다. 외로운 성이 보전된 것은 실로 천행이었지만, 만에 하나 차질이라도 있게 되면 아무리 후회한들 무슨 소용이 있겠는가?"라고 하였다.

다만 여러 군사들에게 깃발을 흔들고 북을 치게 하여 마치 추격하는 듯하게 하니, 왜적이 잠시 달리다 잠시 멈추며 허둥지둥 달아났다. 장수와 군사들이 성 위에 서서 편전(片箭: 짧은 화살)을 쏘았고, 또한 명중시킨 것도 많았다. 획득한 왜적의 물건은 칼과 창이 100여 자루, 깃발 100여 개, 소와 말이 100여 두, 쌀과 콩이 수백 석이었으며, 조총과 철갑 또한 많이 수습하였다. 전투에 필요한 장비가 이때부터 조금이나마 갖추어졌다고 한다.

이준 〈임진일기〉의 연안대첩 전말 개요

1. 피난과 의병 결심
   송경에 남게 된 경위
   노모를 모시고 해서로 피난

"숨는 것은 불충·불효"라며 의병 봉기 결심

2. 의병 창의와 세력 확장
   배천 금산촌에서 의병 조직, 대장 추대
   대교 포구에서 맹세, 의사 수십 명 결집
   7월 24일 증산 점고 → 군사 약 400명
   광해군으로부터 초토사 임명
   연안·주변 고을 의병 합세, 세력 확대

3. 연안성 입성과 방비
   연안성 수복(8월 22일)
   성 수리, 군량 비축, 병력 정비
   피난민 집결로 병력 약 2천 명 확보
   일부 퇴각론 속에서도 "성 사수" 결단

4. 왜적의 포위와 결전
   8월 27일 왜적의 포위 시작
   항복 권고문 거부
   야간 공성전: 불화살·조총 방어, 북·나팔로 적 혼란
   비루(飛樓) 건립 → 신기전으로 파괴
   해자 공방과 격대 설치
   황금 갑옷 적장 사살 (김한걸의 조총)

서문 돌파 위기 → 동풍으로 사다리 불타 적 대패
　　　백성과 군사의 단결로 격전 승리

　5. 승리와 성 수호의 완결
　　　왜적의 최후 공세 격퇴
　　　포위 5일 만에 퇴각
　　　이정암, 추격 자제 → 성 보존을 우선
　　　전리품(무기·군량) 확보, 방어 태세 강화

왜적의 재침과 퇴각

○ 왜적이 퇴각한 날에 성 안의 경계 태세가 해제되었는데, 나 또한 장막(帳幕) 안에 지쳐 누워 사지를 힘없이 늘어뜨리자 마치 거의 일어나지 못할 것 같았다. 그런데 북산(北山)의 정찰 기병이 갑자기 달려와 급히 고하기를, "왜적이 또 서쪽에서 들어오고 있습니다. 아마 왜적이 산 뒤로 우회했다가 다시 돌아오는 것 같습니다."라고 하였다. 얼마 지나지 않아 적군이 가까이 다가와 예전 진영(陣營)이 있던 곳에 주둔하자, 성 안은 다시 경계 태세에 들어갔다. 나 또한 놀라 급히 일어나 성 위로 달려갔는데, 피곤함이 단숨에 가셔서 스스로 고단했음을 알지 못했다. 멀리 적진을 바라보니, 깃발과 무기들이 스산하고 초라하여 위세라고는 전혀 없었다. 이는 왜적이 전투에서 패한 뒤 미처 조처하여 준비하지 못하여 그런 것이라고 여겼다.

장수와 병사들 모두 말하기를, "왜적의 수가 전날보다 많지 않다."라고 하면서, 서로 돌아보며 의심스러워 괴이쩍게 여기던 찰나, 왜적이 갑자기 스스로 퇴각했다. 이는 왜적이 전투에서 패한 뒤로 해주(海州)에 남겨 두었던 왜적을 다 불러 모으려 했지만, 미처 도착하기도 전에 아군이 승세를 타 습격할까 두려워 급히 배천(白川)으로 향한 것이었다. 해주의 왜적이 그제서야 비로소 도착했는데, 이미 본대의 대군이 패하여 달아난 것을 보고 크게 놀라 달아났다. 만약 이때 출병하여 추격했더라면 모든 적군을 전부 궤멸시킬 수 있었을 것인데, 제대로 적의 동태를 엿보아 알지 못해 이 기회를 놓친 것은 매우 애석하였다.

이튿날, 해주의 별장(別將) 이영(李英)이 와서 왜적의 수급 몇 개와 무기 수십 점을 바치며 말하기를, "어제 산에 올라 멀리 바라보니, 적군이 황급히 달아나다가 신천(新川)에 이르러 진창에 빠져 뒤엉켜서 서로 짓밟히고 짓눌렀습니다. 그들이 지나간 뒤 길에 버려진 물건들을 수습하여 바치는 것입니다."라고 하였다.

연안성 수호와 승전 기록

승리 후 잔치와 사기 진작

○ 승리를 거둔 뒤, 술 거르고 소 잡아 남산(南山) 위에서 장수들과 군사들에게 잔치를 크게 베풀었으니, 때마침 9월 9일이었다. 멀리 연안(延安)과 배천(白川)의 경계를 바라보니, 왜적이 제멋대로 불태우며 약탈하여 연기와 불길이 하늘을 뒤덮고 있었는데, 이에 군사를 보내어 맞아 싸우게 하였다. 이윽고 산 위에서 북을 치고 나팔을 불며 노래하고 춤추는 것이 한데 어우러지는 가운데 환호하며 손뼉 치고 뛰는 소리가 온종일 그치지 않으니, 왜적이 이를 보고 사기가 꺾여 크게 패하여 달아났다. 막료 가운데 시를 지어 바치는 이가 있자, 가군이 그 운을 이어 화답하였는데, "아홉 번 죽을 위기에도 온전한 절개를 지켜, 외로운 성이 저무는 햇빛을 마주하누나."라는 구절이 있었다. 막료들이 서로 바라보며 눈물을 훔치고 감탄하지 않는 이가 없었다.

의병 집결과 연이은 전투

도내의 의병들이 모두 모여들어 군(軍)의 위세가 더욱 강성해졌는데, 정예병을 나누어 왜적이 쳐들어오는 길목을 차단하게 하니, 왜적이 교외로 나와 불태우고 노략질할 때마다 번번이 곧바로 추격하여 사로잡거나 베어 죽였다. 임진년(1592) 9월부터 계사년(1593) 정월 상순까지 날마다 출동하여 왜적과 교전하였는데, 크고 작은 전투가 60여 차례였고 수급(首級)이 200여 개에 이르렀다. 왜적은 비록 복수하려 하였으나 매번 들판 싸움에서 패하여 끝내 연안성(延安城)을 다시는 범하지 못했다.

지역 회복과 전략적 의의

그리고 연안에서 북쪽으로 연해변 10여 개 고을의 백성 중에 흩어져 떠돌던 자들은 자기 집으로 돌아올 수 있었고, 피난했던 수령들이 각기 자기 고을로 돌아갔다. 양호(兩湖: 호남과 호서)의 명맥이 이때부터 비로소 통하게 되었고, 남쪽 소식과 행조(行朝: 행재소)의 사신들이 오가며 끊이지 않았다. 한 조각의 외로운 성 하나가 강회(江淮: 남쪽으로 통하는 큰 길목)를 지켜낸 것이 바로 이와 같았다고 한다.

전란과 충절의 길

신하의 의리와 가문의 갈림길

○ 임진왜란 때 주상이 여러 차례 친히 출정하겠다는 교지(敎旨)를 내려서 반드시 도성을 지키겠다는 뜻을 보였으나, 궁중에서는 짚신을 많이 마련하였고 사복시(司僕寺)에서는 이미 안장과 말을 갖추어 두었으니, 사람들은 모두 도성이 지켜지지 못하리라는 것을 알고 저마다 다투어 피난 갈 계책을 세워 고향으로 돌아가는 자가 날마다 수천 명에 달하였다. 가군은 당시 이조참의를 맡고 있었는데, 늘 정방(政房: 政廳)에만 머물러서 민간 사정을 알지 못하고, 다만 주상의 교지만 믿어 집안 식구들을 도성 안으로 불러들였다. 할머니(역자 주: 의성김씨)가 아들들에게 말하기를, "두 아들은 임금의 신하이니 의리상 마땅히 임금을 따라야 하겠으나, 나머지 세 아들은 모두 늙은 나를 따라 풍덕(豐德)으로 가서 피난하는 것이 옳다."라고 하고는, 곧 배를 빌려 시골로 내려갔다.

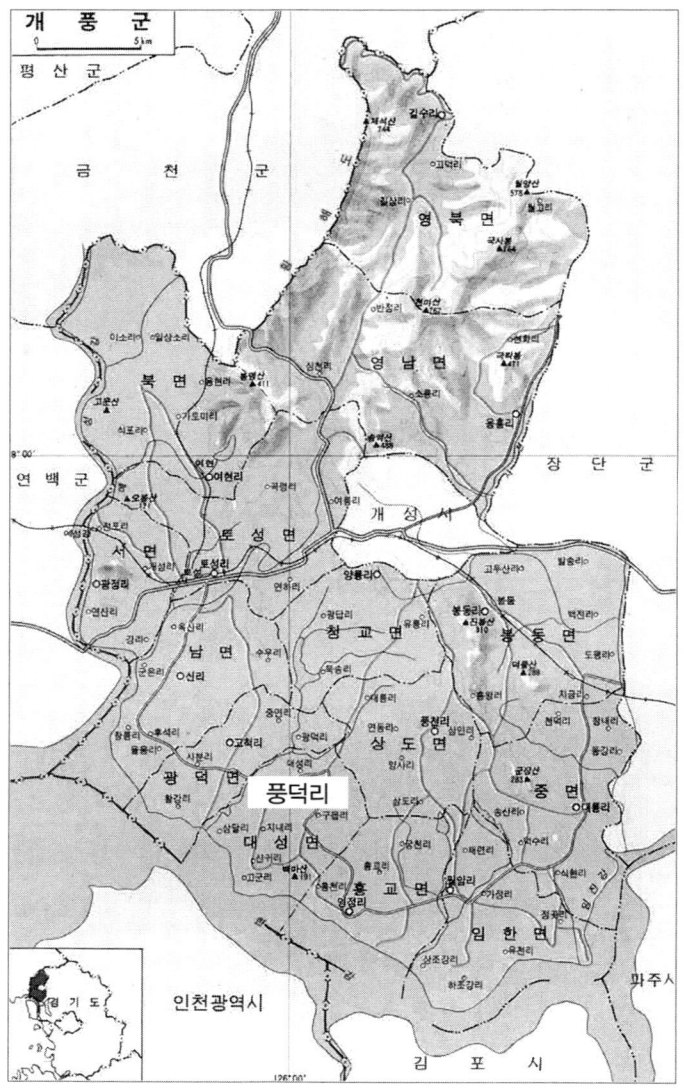

경기도 개풍군 대성면 풍덕리

내가 조용히 가군에게 청하기를, "집안에서 피난 짐을 이미 꾸린 것을 도성 사람들 중에 알지 못하는 사람이 없습니다. 이렇게 많은 집안 식구들을 미리 도성에서 나가 피난하게 하는 것이 낫습니다."라고 하였으나, 가군이 말하기를, "주상이 간곡하게 내린 교지에서 반드시 지키겠다는 뜻을 보였으니, 신하 된 자는 진실로 마땅히 목숨을 바쳐 떠나지 말아야 하거늘 어찌 먼저 도망할 수 있겠느냐?"라고 하였다. 내가 재차 청하기를, "어머니(역자 주: 파평 윤씨)는 굳이 도성 안에 들어와 함께 지킬 필요가 없습니다."라고 하니, 가군이 말하기를, "너는 명관(命官: 조정에서 임명한 관리)과 명부(命婦: 관직자의 아내)의 도리를 모르는구나. 만약 혹여 불행히 도성을 지켜지지 못한다면, 부부가 같이 죽어 절개와 의리를 둘 다 이루는 것이 옳을 것이다. 나는 이제 나이가 쉰을 넘겼으니 어찌 한 목숨을 아껴 초야에서 구차스레 살려 하겠느냐?"라고 하였다. 나는 아버지의 뜻을 돌릴 수 없음을 생각하고 피난의 계획 또한 조치해 두지 않을 수 없었다. 이에, 백형(伯兄: 李潗, 1562~1614)·중형(仲兄: 李㴐)과 도모하기를, "집에 말은 적고 부녀자가 많으니, 만일 하루아침에 갑작스러운 일이 닥치면 형세상 장차 길에서 쓰러져 죽을 것이라, 형들은 모름지기 먼저 시골로 내려가 처자식들을 옮긴 뒤에 사람과 말을 수습하여 후일의 계책으로 삼는 것이 좋겠네."라고 하자, 백형과 중형 모두 그 계책을 옳게 여겨 마침내 시골로 내려갔다. 나의 장모 또한 이미 도산(陶山: 경기도 양주 소재)에 나가 임시로 머물러 있었고, 아내만 홀로 나를 따라 도성에 남아 있었다. 나는 갑작스럽게 짐을 옮겨 나르는 것이 걱정되어 바로 아내를 데리고 도산으로 가서 장모의 집에 맡겨 두었다.

나라의 위기와 죽음의 결단

이튿날 급히 도성으로 돌아오다가 뜻밖에 피난 가는 사람들을 맞닥뜨리니 길에 가득하였고, 모두들 말하기를, "대가(大駕)가 오늘 새벽에 이미 떠나 성 안은 텅 비었다."라고 하였다. 4월 그믐날이었다. 나는 이 말을 듣고 저도 모르게 정신 아득해져 급히 이현동(泥峴洞)의 큰댁에 이르니, 하인 몇이 통곡하며 이르기를, "오늘 새벽에 대가가 도성에서 떠나가는 바람에 영감님께서 미처 대가를 호종하지 못하고 성문 밖 본가로 나가 임시로 머물다가 끝내 부인과 함께 스스로 목숨을 끊었습니다."라고 하였다. 얼마 되지 않아 한 여종이 급히 와서 고하기를, "영감님과 부인께서 모두 이미 깨어나셨습니다."라고 하였다. 이는 아버지와 어머니가 스스로 목숨을 끊으려는 계획을 하였으나 집안 식구들에게 저지될까 염려하여 곧 성문 밖 본가로 가서 가족들이 미처 나오기도 전에 틈을 타서, 마침내 스스로 목을 맨 것이었다. 그러나 집안 식구들이 마침 도착하고, 이현동 할머니(역자 주: 金應辰의 딸 義城金氏) 또한 뒤이어 와서 구할 수 있었으니, 천만다행이었다. 나는 확실히 그 기별을 듣고서야 마음이 조금 안정되어 말을 급히 몰아 나왔는데, 길에서 태창(太倉: 광흥창)의 쌀을 훔쳐내는 자들을 만나 거리를 가득 메워 지나갈 수가 없었다. 게다가 비바람이 크게 일어나 쌀을 진 자들이 길에 쌀을 내던지니, 송현동(松峴洞)의 길에는 쌀이 정강이까지 쌓였다.

  돌아보니 세 궁궐(三闕: 경복궁, 창덕궁, 창경궁)이 이미 불타 있었다. 왕자들이 거처하는 여러 궁궐과 각 관청의 미곡과 밀가루 창고가 모두 불타버렸다. 사람들의 마음이 이러하니, 그 아픔을 견딜 수 있겠는가! 부모에게 돌아가 절하고는 서로 마주 보며 통곡할 뿐이었다. 피난 계책으로 어찌해야 할지를 모르겠다. 내가 가군에게 청하기를, "집안 식구가 많아 형세상 한 번에 옮기기가 어렵습니다. 아버지는 마땅히 먼저 대가를 호종하러 가시고, 집안 식구들을 처리하는 일은 저희들이 이곳에 남아 형편에 따라 하겠습니다."라고 하니, 가군이 말하기를, "늙은 몸으로는 혼자 갈 수 없으니, 너 또한 따라오는 것이 좋겠다."라고 하였다. 이현동 할머니가 말하기를, "우리는 쓸모없는 여자들이니 죽어도 아까울 것이 없지만, 남자는 천금과 같은 몸이니 어찌 소중히 여기지 않겠느냐? 영공(令公: 이정암)과 윤 조카(尹姪: 이정암의 처남 尹興門) 및 두 손자는 지금 당장 먼저 떠나가거라. 우리들은 뒤에 처리하는 것이 좋겠다."라고 하니, 말과 안색이 매우 엄하여 감히 거역하지 못했다. 게다가 머뭇거리며 날을 보낼 수도 없었다.

천행 속에서 지켜낸 생명과 가문

이튿날 아침, 가군과 윤고(尹舅: 외숙부 윤흥문) 및 이준(李濬)·이위(李渭) 두 사람은 각자 말 1필씩 타고 서쪽 길로 떠나 벽제(碧蹄)에 이르렀다. 가군이 나에게 이르기를, "왜적이 머지않아 경성(京城)에 들어올 것이다. 차마 집안 식구들을 앉아서 죽음을 기다리게 할 수 있겠느냐? 오늘은 아직 이르니, 네가 급히 경성 집으로 돌아가 가족들을 데리고 서산(西山: 경기도 고양군 벽제면 선유리) 기슭으로 오거라. 숲속에 숨어 들락거리게 하면 잠시나마 목숨을 이어갈 수 있을 것이다."라고 하였다. 나는 곧장 사람과 말을 거느리고 급히 경성 집으로 돌아왔다. 가군과 외숙부, 이위(李渭) 동생은 모두 서산에 머물렀다. 서산은 벽제(碧蹄)에서 가까운 곳이다.

이튿날, 나는 작은 가마를 활용해 할머니를 모시고자 그것을 짐바리 위에 실었다. 어머니와 외숙모, 제수는 각자 말 한 필을 타고, 두 여동생은 함께 한 필의 말을 탔다. 하인들 몇은 저마다 곡식 보따리를 메고 따랐다. 나는 칼을 차고 도로로 몹시 힘들게 산을 넘고 물을 건너 서산에 이르렀다. 곧장 가군을 모시고 송경(松京)으로 달려갔고, 외숙과 동생을 남겨 집안 식구들을 돌보게 했다. 이날 파주(坡州)에 중씨(仲氏: 둘째 형 李浦)의 별장에 투숙하였다. 이튿날 송경에 도착하니, 대가가 머물고 있었다.

누군가 와서 전하기를, "왜적이 이미 도성에 들어와 경성 근처 산으로 피난한 사람들은 대부분 병화(兵禍)를 입었다."라고 하였다. 이 소식을 듣게 되자 가슴이 불타는 듯 답답하였으며, 서산에

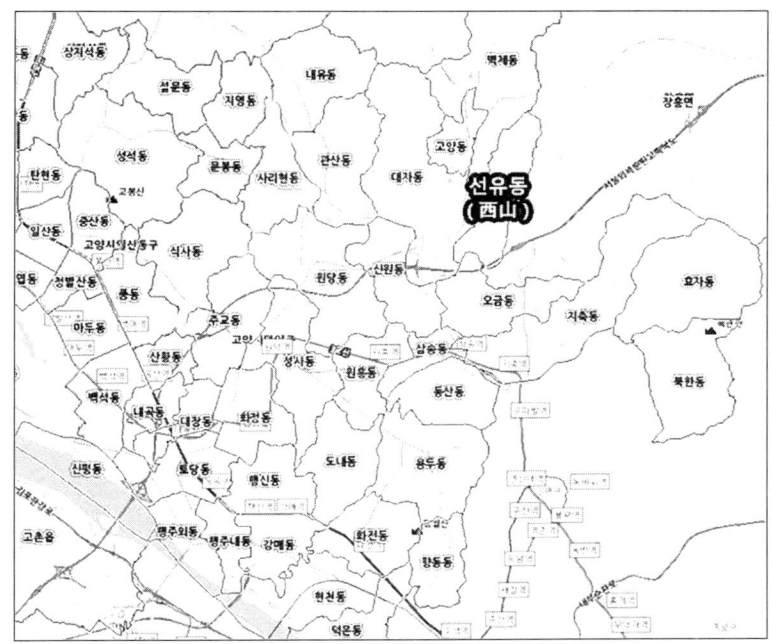

경기도 고양시 덕양구 선유동(西山)

둔 가족들 또한 화를 면하기 어려울까 두려웠다. 다음 날, 집 하인이 갑자기 풍덕(豐德)에서 와 고하기를, "서산으로 가던 일행이 어제 이미 풍덕에 도착했습니다."라고 하였다. 이는 백형(伯兄: 李 瀁)이 대가가 서쪽으로 향했다는 소식을 듣고 사람과 말을 수습하여 급히 경성으로 달려가던 도중에, 왜적이 이미 경성에 들어왔다는 말을 듣고는 곧장 나아가지 못하고 혹시 온 집안이 서산(西山)에 와 있을까 하고 곧바로 가보니 과연 그곳에 도착해 있었던 까닭에 곧 모시고 온 것이었다. 천행이 어찌 이리도 지극하단 말인가? 며칠 사이에 두 번이나 천행을 입었으니, 어찌 우리 조상들이 쌓아온 선행 덕분이 아니겠는가?

전란 속 자결과 희생

둘째 형수 여흥민씨의 부덕과 결연한 죽음

○ 둘째 형수는 여흥민씨(驪興閔氏)이다. 나이 열 여섯 살에 둘째 형에게 시집왔고, 부도(婦道: 아내로서의 도리)를 매우 잘 지켰다. 난리가 처음 일어났을 때, 둘째 형과 함께 파주(坡州)에 있는 장원으로 나가 우거하였다. 가군이 서쪽으로 돌아가던 날, 그 집에 들러 투숙하며 권면하여 말하기를, "세상 형세가 이 지경에 이르렀으니, 한번 죽는 것을 면하기가 어려울 것이다. 우리 가문을 더럽히지 말아라."라고 하였다. 민씨는 얼굴빛을 고치며 사례하였고, 헤어질 때가 되자 나에게 말하기를, "이후로는 다시 만나기 어려울 것이니, 부디 잘 가시고 잘 가세요."라고 하고는, 마침내 통곡해 마지않았다.

송경(松京)에 도착한 지 얼마 되지 않아 둘째 형의 집 하인이 와서 고하기를, "왜적이 갑자기 들이닥쳐 산속을 샅샅이 뒤지며 새 사냥하듯 풀 베듯 하여 둘째 형과 형수가 한꺼번에 왜적을 만나고 말았습니다. 형수는 화를 면할 수 없음을 알고 곧 스스로 목을

찔러 죽자, 왜적들이 노하여 그 시신을 몸과 머리로 잘라서 동강을 내고는 마침내 둘째 형에게도 어지러이 베고 갔습니다.

죽음의 위기 속에서 살아남은 둘째 형

그러나 둘째 형은 마침 바위 사이의 숲속에 몸을 숨겼기에 왜적이 칼날을 곧바로 내리치지 못했기 때문에, 비록 한 곳도 성한 데가 없었으나 목숨줄은 끊어지지 않아 지금 업어서 이끌고 강을 건너 왔습니다."라고 하였다. 나는 곧 메는 도구를 준비해서 급히 달려가 보니, 상처는 비록 많았으나 정신은 흐리지 않아서 잘 조리만 하면 아마 죽지 않을 수 있을 것 같았다. 마침내 데리고 풍덕 임시 처소로 가서 밤낮으로 구료하여 살려냈고, 상처가 비로소 점차 나아졌다.

오두산성(烏頭山城)이 함락된 뒤, 온 가족이 전포(錢浦)에서 강을 건너 배천(白川) 땅에 도착하고 장차 해주(海州)로 향하려 했다. 이때 탈 것이 거의 없어서 부녀자들은 모두 그냥 걸어야 했다. 병든 형은 형세상 실어 가기가 어려웠는데, 곧 빈 무덤을 만들고 그 옆에 구멍을 수도(隧道: 굴)처럼 뚫고는 병자를 침상에 눕혀 무덤 안으로 밀어 넣었다. 노비 2명에게 지키도록 하면서 약속하기를, "왜적이 오면 너희들은 구멍을 막고 도망가라. 왜적이 간 뒤에는 즉시 와서 열어라."라고 하였다. 이어 곡식 몇 섬을 주며 말하기를, "이 곡식이 미처 떨어지기 전에는 상처도 아마 나을 것이다.

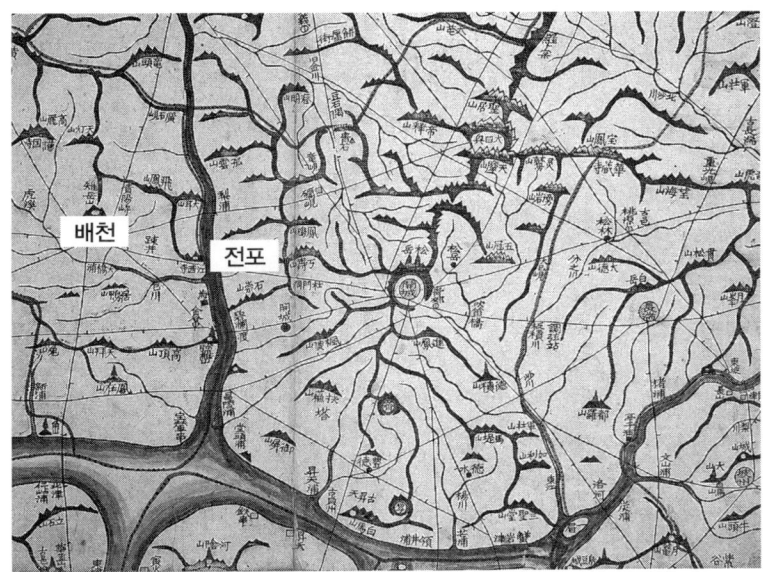

배천·전포

힘을 내라, 힘을 내어라."라고 하면서, 온 집안 사람들이 모두 무덤을 둘러싸고 통곡하다가 떠났으니, 이날의 끝없는 슬픈 심정은 어찌 죽어 이별하는 것에 그칠 뿐이겠는가? 차마 말할 수가 없었고 차마 말할 수도 없었다.

해주(海州)에 도착하였으나 길이 막혀 소식을 듣지 못하였다. 부모는 날마다 몹시 초조하여 마음을 졸이다가 마침내 가동(家僮)을 온갖 방법으로 권유하여 산골짜기를 따라 밤을 틈타 사잇길로 가게 하였다. 곧장 그곳에 이르러 무덤 안을 엿보니, 둘째 형은 뜻밖에 죽지 않고 살아서 그 사이에 누워 있었다. 가동을 보고 깜짝 놀라 기뻐하며 묻고 답하고는 이어 이르기를, "상처가 아직 아물지 않아 걸을 수 없어서, 지금은 너와 함께 갈 수가 없다. 너는 돌아가서 소식을 알리고, 며칠 뒤에 다시 와서 나를 데리고 돌아가거라."라고 하였다. 가동이 급히 돌아와 고하니, 온 집안 사람들이 이를 듣고는 슬프면서도 위로가 되어 감격을 이기지 못하였다.

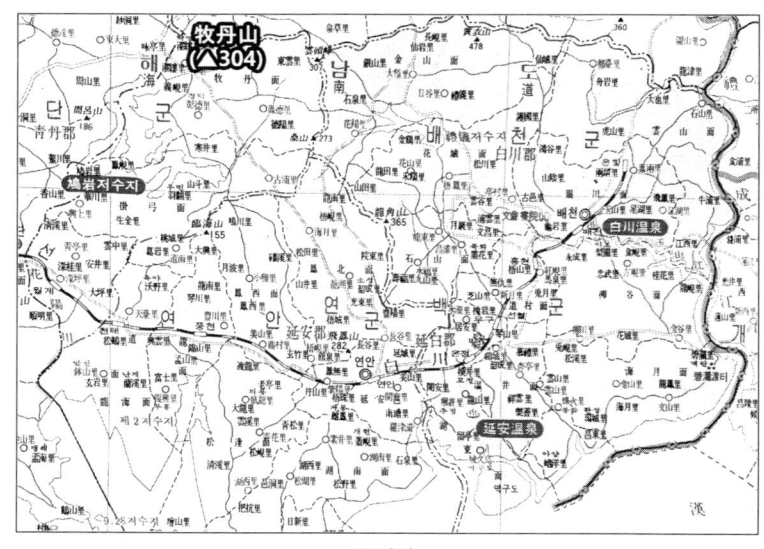

목단산

가족의 피란과 상실, 그리고 재회

이때 왜적이 비로소 해주(海州)에 들어오자, 온 집안 식구들은 다시 피해 옮기려고 평주(平州: 황해도 평산 지역의 옛 지명)의 목단산

(牧丹山)에 들어가 빈 절에 임시로 머물렀다. 즉시 사람을 보내 둘째 형을 불렀는데, 돌아오는 날에 온 집안 사람들은 발뒤꿈치를 들고 멀리 바라보았다. 해질 무렵에 둘째 형이 말을 타고 산길을 따라 완연히 도착하자, 죽은 이를 다시 보는 듯했고 또 꿈속 같아서 슬픔과 기쁨이 아울러 극에 이르렀으니 정신이 아찔하여 진정할 수 없었다.

둘째 형에게 두 아들이 있었는데, 당초 왜적을 만났을 때 하인들이 몰래 업고 달았으나, 그 뒤로 살아 있는지 죽었는지 알지 못하였다. 얼마 되지 않아 온 가족이 강도(江都: 강화도)에 들어가 사람을 보내 찾아보니, 어린아이는 병들어 죽었고 큰아이는 데려왔다. 곧 이경윤(李慶胤) 조카이다.

민씨의 유골 수습과 충절의 전승

왜적이 물러간 뒤, 둘째 형은 민씨의 유골을 수습하고 관곽(棺槨)을 갖추어 선영에 안장하였다. 그리고 민씨의 곧고 지조가 있는 행실은 방백(方伯)이 장계를 올려 조정에 아뢰었다.

전란 속 가족의 비극과 천명

풍덕에서의 피난과 형제들의 선택

○ 난리가 처음 일어났을 때, 온 집안 사람들이 대부분 풍덕(豐德)에 모였다. 가군은 이처럼 아침저녁으로 죽음을 기다려야 하는 때를 당하여 온 집안 식구들이 다 한곳에만 모여 있다가는 만약 왜적을 만나면 남아 나는 사람이 없을 것으로 여겼다. 마침내 이위(李湋)·이홍(李泓) 두 동생에게 각기 아내와 자식을 데리고 우봉(牛峯)으로 가 난리를 피하도록 하였다. 이는 이홍의 장인이 우봉에 살고 있었고, 이위의 장인이 강서의 고을 수령이었기에, 이위에게 그곳에 소식을 전하여 알리도록 하려는 것이었다.

얼마 되지 않아 왜적이 평양(平壤)을 함락하여 서쪽 길이 통하지 않았으며, 지역에 주둔하고 있던 왜적이 날마다 약탈과 살육을 일삼았다. 두 동생은 우봉에 있는 산 속에 늘 지내며 숲속 사이에 몸을 숨기고 있었다.

동생 이위의 죽음과 생사의 갈림길

하루는 왜적이 갑자기 산 속에 들이닥쳐 동생 이위가 왜적을 만나 죽임을 당했으니, 슬프고 가슴 아프다! 사람들은 모두 말하기를, "전쟁이 있을 때는 뜻밖에 칼날을 맞아 죽는 것이 이루 헤아릴 수 없는데, 어찌 다 천명이겠는가?"라고 하였다.

이 말은 그럴듯하나, 나는 둘째 형의 살아난 것과 동생이 죽은 것을 보면서 천명이 아닌 것이 없었다. 둘째 형이 처음 왜적을 만났을 때 온몸이 난도질당했으나 죽지 않았고, 난도질당한 뒤에 며칠 동안 먹지도 못하고 한데서 빗속에 누워 있었으나 죽지 않았으며, 심지어 무덤 속에 들어간 뒤로는 다시 살아날 리가 전혀 없었으나 끝내 죽지 않았으니, 이는 천명이 그를 죽지 않도록 정한 때였던 것이다.

둘째 형의 기적적 생존과 천명에 대한 성찰

둘째 형이 처음 왜적을 만났을 때에 동생은 아무런 탈이 없었고 오직 둘째 형의 병만을 걱정하였는데, 어찌 몇 달 안에 둘째 형은 살아남고 동생은 죽을 줄을 알았겠는가? 산에 가득히 숨어 있던 사람들이 모두 화를 면하였으나, 동생만 홀로 해를 입었을 뿐이라 더욱 그의 천명이 불행함을 알겠으니, 더욱 애통함을 이기지 못하겠다. 둘째 형은 마땅히 죽었어야 했으나 살아났고, 동생은 마땅히 살았어야 하나 죽었으니, 운명이 아니고서야 어찌 이럴 수가 있겠는가?

굶주림 속의 의리

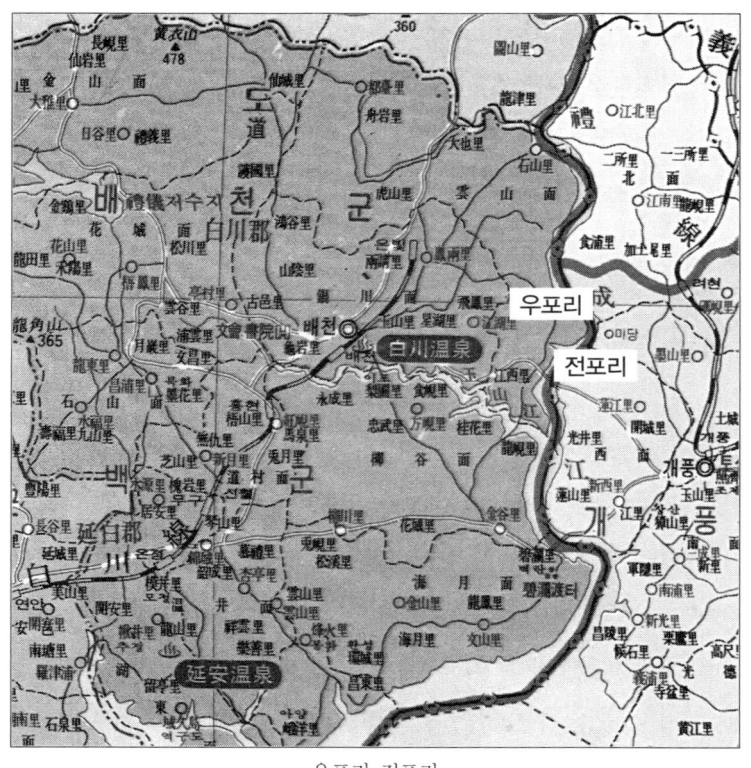

우포리·전포리

○ 오두산성(烏頭山城)이 함락된 뒤, 전포(錢浦)에서 우포(牛浦: 소포리)로 건너고 그대로 며칠 머물렀다. 마침 한 척의 배가 포구에 정박했는데, 어떤 이가 말하기를, "배를 타고 강 한가운데로 나아가면 난리를 피하는 데 가장 좋은 방법이다."라고 하였다. 백형이 가동(家僮)을 데려가서 묻고 배를 빌려 함께 타고 가려 했으나, 그 뱃사공은 자기 일가들과 서로 약속하여 온 자라서 다른 사람을 조금이라도 서로 구해줄 뜻이 없었다. 얼마 되지 않아 그의 일가 10여 명이 도착해 마침내 곧바로 배를 탔으나, 함께 끌고 온 소들은 배가 작아 실을 수 없어서 강가에 버린 뒤, 가동을 부르며 말하기를, "이 소들이 아까우니 네가 끌고가서 쓰도록 하라."라고 하였다. 가동이 소 3마리를 끌고 왔는데, 그 가운데 한 마리는 송아지였다. 마침내 나에게 상의하기를, "저 송아지는 짐바리를 나를 수도 없어 참으로 아무 쓸모가 없으니, 한 끼 식사로 준비하는 것이 어떻겠습니까?"라고 하였다.

송아지 한 마리를 둘러싼 부자의 선택

나는 생각하기를, '이 소는 본디 도둑질한 것도 아니고, 늙은 부모가 오래도록 입맛을 잃어서 식사를 제대로 못해 크게 줄었으니, 한번 맛있는 음식을 드리는 것도 좋겠다.'라고 여겼다. 곧바로 삶고 지져서 손수 고기를 베어 가군에게 바쳤다. 가군이 처음에는 그러한 사실을 알지 못하다가 연유를 묻고는 곧장 얼굴색이

변하여 말하기를, "군자는 비록 목이 말라도 도천(盜泉: 중국 산동성 사수현에 있는 샘으로 공자가 이름 때문에 마시지 않음)의 물을 마시지 않았거늘, 내가 아무리 굶주림이 심할지라도 어찌 도둑질한 소의 고기를 먹을 수 있겠느냐?"라고 하며 끝내 물리쳤다.

나는 나아가 간청하기를, "아버님의 말씀은 너무 과한 것이 아니겠습니까? 소자는 일찍부터 집안의 훈계를 익혀 옳지 않은 일은 하고자 하지 않았습니다. 그리고 지금 도둑질한 소라는 말씀을 하시니까 황송함을 이기지 못합니다. 도둑질이란 남의 물건을 훔치는 것을 말합니다. 이 소는 그 주인이 주었고 가동이 받아 온 것은 여러 사람이 다 아는 바입니다. 이를 어찌 도둑질이라 이를 수 있겠습니까? 받아 온 후에 쓸모없는 물건 하나를 버려 열 식구의 굶주림을 구제한 것이 어찌 의리를 해치겠습니까? 의리를 해치지 않은 것이면, 더욱 그것을 도둑질이라 이를 수는 없습니다. 소자는 적이 의혹됩니다."라고 하니, 가군이 말하기를, "사람마다 각기 소견이 있는 법이니, 너는 그것을 먹더라도 나에게는 권하지 말라."라고 하였다. 나는 오래도록 하소연하였으나 끝내 한 점도 드시지 않았다. 가군의 강직한 행실은 비록 피란하느라 떠돌며 곤궁한 때라 할지라도 늠름하기가 가을 서리와 빛나는 해와 같아서 그 이상 더할 수가 없었다. 그러나 내가 도(盜: 도둑)라는 글자에 대해 변론한 것은 군자가 논의하면 어떻게 생각할는지 모르겠다. 적어두고 가르침을 기다린다.

임진일기壬辰日記

· 원문과 주석 ·

壬辰日記附
[男潗所錄]

▎ 연안대첩 전말[1]

壬辰之變, 大駕去邠[2], 家君[3]追及於松京[4]。時叔父[5]以右承旨, 移

---

1   원문의 한글제목은 역주자가 붙인 것임.
2   去邠(거빈): 邠 땅을 떠난다는 뜻으로, 임금이 外敵의 난을 피해 도성을 떠나 다른 곳으로 거처를 옮기는 것. 周太王 古公亶父가 邠 땅에 있을 때 狄人이 쳐들어오자 백성을 해치지 않기 위해 빈을 버리고 岐山 아래로 옮겨 갔다는 고사에서 유래한다.
3   家君(가군): 생부 李廷馣(1541~1600)을 가리킴. 본관은 慶州, 자는 仲薰, 호는 四留齋·退憂堂·月塘. 서울 출신. 증조부는 監正 李筍이며, 조부는 진사 李達尊이다. 아버지는 社稷署令 李宕이며, 어머니 義城金氏는 金應辰의 딸이다. 부인 坡平尹氏는 尹光富의 딸이다. 이조참판 李廷馨의 형이다. 1558년 진사시에 합격하고, 1561년 문과에 급제하였다. 1568년 전라도사를 역임하며 치적을 올렸고, 1572년 연안부사에 부임하여 선정을 베풀었다. 1592년 임진왜란이 일어났을 때 의병을 모집하여 치열한 전투 끝에 延安城을 지켜냈다. 1604년 연안을 수비한 전공으로 선무공신 2등에 책록되었으며, 월천부원군에 추봉되고 좌의정에 추증되었다.
4   松京(송경): 조선시대 이후 고려의 서울인 開城을 일컫는 말. 개성이 松嶽山 밑에 있던 서울이라는 뜻이다.
5   叔父(숙부): 李廷馨(1549~1607)을 가리킴. 본관은 慶州, 자는 德薰, 호는 知退堂·東閣. 李廷馣의 동생이다. 첫째부인 恩津宋氏는 宋應慶의 딸이며, 둘째부인 坡平尹氏는 尹鉉의 딸이다. 丁允禧의 문인이다. 1567년 사마시에 합격하고, 이듬해 별시문과에 급제하였다. 1576년 개성부경력, 1578년 하지사의 서장관으로 명나라에 다녀왔다. 함경순무어사, 光州牧使, 홍문관부수찬, 의정부검상, 대사성을 거쳐 1589년 형조참의가 되었다. 1592년 임진왜란이 일어나자 우승지로 왕을 호종하였다. 개성유수가 되었으나 임진강 방어선이 무너지자 의병을 모아 聖

授松京留守, 未幾大駕西幸, 叔父啓曰: "臣兄某, 別無職事, 臣願與同守此地." 傳曰: "甚善." 以此家君留在松京。

及臨津[6]失守, 家君謂叔父曰: "此處守禦之事, 已無可爲。然君有官守[7], 不可越在他境。我則旣無職任, 可以竊負老母, 以延須臾之命也." 遂奉老向海西。歷白川[8]·延安[9], 到海州[10]花山[11]村, 留十數日。

一夕, 家君謂子弟, 曰: "當此國難, 我忍死度日, 唯以老母在焉。今賊禍迫頭, 唯待坐死, 不忠不孝, 孰甚於是哉? 若糾合鄕兵, 團聚一處, 則零賊剽竊之患, 可以捍禦。而人漸嘗倭, 共欲討賊, 則其於國事, 庶可有爲也." 卽成回文[12], 通諭鄕曲。于時大小人民, 怯於訛言, 無一人應募者。

居山을 거점으로 왜적과 항전했으며, 장단·삭녕 등지에서도 의병을 모집해 왜적을 물리쳐 그 공으로 경기도관찰사 겸 병마수군절도사가 되었다. 1594년 告急使로 遼東에 다녀와 홍문관부제학·이조참판·승문원부제조·비변사당상을 역임하고, 1595년 대사헌에 이어 四道都體察副使가 되었다. 1600년 강원도관찰사가 되었고, 1602년 예조참판이 되어 성절사로 다시 명나라에 다녀왔다. 그 뒤 북인이 정권을 잡고 정계가 어지럽자 양주 松山 杜川里로 물러나 대사성·호조참판 등에 임명되었어도 나가지 않았다. 1606년 삼척부사로 나갔다가 이듬해 임지에서 죽었다.

6 臨津(임진): 경기도 파주시 郡內面 지역에 있었던 지명.
7 官守(관수): 관리로서의 직책.
8 白川(배천): 황해도 연안 북동쪽에 있는 고을.
9 延安(연안): 황해도 남동부에 있는 고을. 동쪽은 배천군, 서쪽은 청단군, 북쪽은 봉천군, 남쪽은 황해 경기만에 접한다.
10 海州(해주): 황해도 서남쪽에 있는 해주시 일대.
11 花山(화산): 황해도 해주시 동쪽과 청단군 청단 서쪽에 있는 마을.
12 回文(회문): 여러 사람이 돌려 보도록 쓴 글.

家君無可奈何[13], 將欲避兵於江華[14], 乘夜從間道, 轉展出來, 行至白川金山村, 阻雨留一日。其郡人金德諴[15]·朴春榮[16]·趙宗男[17]·趙庭堅[18]等來會, 皆欲謀起義兵, 請以家君爲領帥。家君謂之曰: "公等能以義慷慨討賊, 況如我厚受國恩者, 豈可以耄矣爲辭哉?" 遂賃舟, 令一家子弟, 奉老親, 入于江都, 獨與子瀿, 留白川圖事。

初會於大橋[19]村舍, 與義士數十人, 着名誓約。遂通文于傍近郡邑, 使之起兵來會, 即七月二十四日也。再會於甑山點兵, 衆至四百餘人。乃以閔仁老[20]·趙應瑞[21]·邊濂[22]等三人, 分領[23]白川之衆,

---

13 無可奈何(무가내하): 달리 어찌할 수 없음.
14 江華(강화): 江華島. 인천광역시 강화군에 있는 섬.
15 金德諴(김덕함, 1562~1636): 본관은 尙州, 자는 景和, 호는 醒翁. 1587년 생원시에 합격하고, 1589년 증광시 문과에 급제하였다. 1592년 임진왜란이 일어나자 연안에서 초토사 이정암을 도와 의병을 모집하고 군량을 조달하는 일을 맡았다. 1593년 공조 좌랑을 거쳐 비변사 낭청·호조 정랑·직강·사예 등의 중앙 관직과 선천·청풍·단천·성천·장단·안주의 지방관을 역임하였다. 1617년 인목대비 폐모론에 반대하여 南海에 유배되었다가 1623년 인조반정으로 풀려나 여러 벼슬을 거쳐 1636년 대사헌에 올랐다.
16 朴春榮(박춘영, 1549~?): 본관은 尙州, 자는 吉初. 아버지는 朴允蕃이다. 1590년 증광시에 급제하였다.
17 趙宗男(조종남, 1545~?): 본관은 白川, 자는 孝先. 軍器判官을 지냈다.
18 趙庭堅(조정견, 1558~?): 본관은 白川, 자는 公直, 호는 稼隱. 1590년 진사시에 합격하고, 1595년 별시문과에 급제하였다. 1592년 임진왜란 때 倡義하여 연안을 왜군의 침입으로부터 수호하였다. 1598년 명나라 提督 麻貴의 접반사가 되었으며, 그 뒤 고산찰방·사간원 사간을 거쳐 승지가 되었다.
19 大橋(대교): 황해도 배천군 서쪽 30리쯤에 있었던 포구. 馬頭山에서 기원하여 서쪽으로 흘러 청천강으로 들어가는 강이다.
20 閔仁老(민인로, 1542~?): 본관은 驪興, 자는 眉叟. 아버지는 閔宗이다. 1584년 별시 무과에 급제하였다.
21 趙應瑞(조응서, 1569~?): 본관은 미상, 자는 而慶. 아버지는 趙景福이다. 1591년

又以趙庭堅·金德誠·趙光庭[24]·張鳳瑞[25]等, 分遣列邑, 召募軍兵。是日, 王世子有敎, 自伊川[26]來到, 授以招討使之任。延安人張應祺[27]·宋德潤[28]等, 亦起兵來應, 自此兵聲稍振。

家君謂諸將士, 曰: "今者兵衆雖多, 居無營壘, 行無器械, 設若遇賊, 徒自潰散, 何用義兵爲哉? 延安一城, 經賊之後, 雉堞[29]稍完, 乘此空虛, 入據而守之, 則倭賊必然來攻, 戰而得捷, 則可以保障海西, 以圖恢復, 戰而不幸, 則得其死所, 死亦無憾。余當入延城,

---

별시 무과에 급제하였다. 만경 현령 등을 지냈다.
22 邊濂(변렴, 1560~?): 본관은 原州, 자는 浩源. 1603년 식년시 무과에 급제하였다.
23 分領(분령): 임무를 분담함.
24 趙光庭(조광정, 1552~1638): 본관은 漢陽, 자는 應順. 1582년 사마시에 급제하였다. 1592년 임진왜란 때 황해도 여러 고을이 왜군의 수중에 들어가자, 李廷馣의 막하에 들어가 연안대첩을 거두는데 참여하였다.
25 張鳳瑞(장봉서, 1549~?): 본관은 唐津, 자는 景儀. 1579년 식년시에 급제하였다.
26 伊川(이천): 강원도 서북부에 있는 고을. 동쪽은 평강군, 동남쪽은 철원군, 서쪽은 황해도 신계군·곡산군, 서남쪽은 황해도 금천군, 서북쪽은 곡산군, 북쪽은 함경남도 문천군과 접한다.
27 張應祺(장응기, 1556~1630): 張應箕라고도 함. 본관은 蔚珍, 자는 景受. 1583년 무과에 급제하고, 1586년 무과중시에 급제, 여러 관직을 역임하였다. 1592년 임진왜란이 일어나자 전직 감찰로서 海西招討使 李廷馣의 휘하에서 軍官으로 활약하였다. 1592년 8월 말 해주에 주둔한 왜장 구로다(黑田長政)가 도내에 있는 왜군을 모아 대병력으로 연안성을 침범할 때 화살을 쏘아 적장 한 사람을 사살함으로써 성내 軍民의 사기를 높였고, 성의 동문을 지켜 적의 침입을 막았다. 軍功으로 배천군수가 되어 연안별장을 겸하고 군사 500명으로 계속 연안성을 지켰다. 정유재란 때는 창녕현감으로 방어사 郭再祐 휘하에 들어가 조전장으로 창녕 火旺山城 방어에 참여하였다. 그 뒤 부사 등을 지냈다.
28 宋德潤(송덕윤, 1541~?): 본관은 延安, 자는 景沃. 아버지는 宋繼商이다. 1572년 무과에 급제하였다. 첨사와 양근군수를 지냈다.
29 雉堞(치첩): 성가퀴. 성 위에 낮게 쌓은 담. 여기에 몸을 숨기고 적을 감시하거나 공격하거나 한다.

以決死生也."眾皆危之, 莫敢然諾, 獨子瀁從傍力勸。時延安府使
金大鼎[30], 避賊遠去, 卽令招還, 又以前郡守田見龍[31], 爲延安參謀
官, 使之一邊收兵繕城, 一邊備畜糧儲。遂入居城中, 以爲戰守之
計, 卽八月二十二日也。

　于時, 延安之民, 逃避山谷者, 聞家君入城, 扶老携幼, 絡繹[32]而
來。入城五六日, 男女老弱, 幾至二千。兵卒之數, 足以列立於城
堞之間, 而戰具掃如, 操弓帶箭者, 不滿二百。唯備石塊木枝, 積
於城上, 且於女墻之間, 多設釜鼎, 爇柴沸水, 以爲灌湯禦賊之具,
眾皆笑其迂。

　八月二十七日, 賊自海州‧江陰[33], 分道來犯, 四境之內, 煙焰漲

30　金大鼎(김대정, 1541~1601): 본관은 彦陽, 자는 重卿. 아버지는 內禁衛 金喜이
다. 1572년 무과에 급제하였다. 1592년 임진왜란 때 延安城을 굳게 지켰다. 왜적
이 서울과 평양을 함락시킨 뒤 그해 8월 왜장 오토모[大友吉統]가 白川‧평산을
거쳐 연안을 향해 공격해오고, 구로다[黑田長政]는 평양에서 해주를 지나 연안
으로 쳐들어왔다. 이때 연안부사로 있으면서 일단 적의 주력부대의 공격을 피하
여 섬으로 가 있었다. 전 연안부사 李廷馣이 황해도 초토사에 임명되어 평산으로
부터 연안에 도착하고, 배천사람 金德誠‧朴春榮도 각지로 격문을 보내어 수백인
의 의병을 모아 이에 호응하였다. 그리하여 의병장 朱德潤‧張應祺‧趙光庭 등과
연합, 1,400여 인을 모았으며, 초토사의 助防將이 되어 8월 28일부터 4일간에
걸친 대접전 끝에 5,000여 명의 왜적을 물리치고 성을 굳게 지켰다.
31　田見龍(전현룡, 1542~?): 본관은 牛峯, 자는 德普. 1564년 생원시와 진사시에
연이어 합격하여 문명을 떨쳤고, 1568년 증광문과에 급제하였으나 관직에 나가지
않았다. 1592년 임진왜란이 일어나자 招討使 李廷馣이 연안을 지키면서 격문을
보내 의병을 초모할 때 달려가서 이정암의 막하로 들어갔다. 당시 黑田長政에
의해 포위되어 연안성을 지킨 지 4일째 되던 날 동남풍이 일어나는 것을 보고 趙信
玉과 함께 몰래 성문을 빠져나와 왜진에 섶을 가져다가 불을 질렀다. 맹렬한 바람
에 화세가 충천하여 적이 혼란에 빠지자 성병이 출격하여 왜병을 대파하였다.
32　絡繹(낙역): 왕래가 잇달아 끊이지 않음.

天, 蓋賊先以兵威, 恐㤼驅出之也。是日, 幕下將士, 論議不一。從事官禹俊民[34], 掌書記鄭汝忠[35]·李臣甲[36]等, 皆言: "今此海州之賊。舉衆來攻, 如以千勻壓鳥卵, 必無幸矣。幕府職是招討使, 相機進退, 以啚事功可也。豈可徒死於延城哉? 莫如急急出城, 以避凶鋒也。"家君曰: "諸公所言, 亦似有理。但愚下之民, 聞余守城, 奔走來歸, 一朝危急, 棄而去之, 是不信也。吾寧以義同死於此也, 忍令赤子, 罹於魚肉之禍, 而獨免其身乎?"仍問左右, 曰: "吾意若何?"從事官劉漢良[37]·李繼祿[38]等, 皆以爲不可去, 子濬亦曰: "寧以義死, 不可幸生。"禹俊民復謂濬, 曰: "此城之陷, 指掌可知。而君何置父於必死之地而莫之救乎?" 濬曰: "父有苟活之心, 則爲子

---

33 江陰(강음): 조선시대 당시 동쪽과 북쪽은 평산, 서쪽은 배천, 남쪽은 개성과 접하였다.
34 禹俊民(우준민, 1553~?): 본관은 丹陽, 자는 季良, 호는 楓澤. 1553년 禹珀의 아들로 태어났다. 1579년 진사시에 합격하였고 1582년 식년시에 급제하였다. 1587년 강원도 도사에 임명되었고 이후 사헌부 지평을 거쳐 1592년 세자시강원 文學을 지냈다. 이어서 사헌부 장령, 사간원 헌납, 성균관 사성을 역임하다가 1596년 황해도 어사의 임무를 수행하고 돌아왔다. 이후 승지를 거쳐 도승지에 올랐으나 신병으로 遞差되었다. 다시 관직에 복귀하여 형조참의를 지냈고 1602년 여주목사로 부임하였다. 1609년 공조참의, 이듬해 호조참의를 지냈다.
35 鄭汝忠(정여충, 1539~1608): 본관은 海州, 자는 公恕, 호는 梅窓. 생부는 鄭承尹, 양부는 鄭承先이다. 1573년 식년시에 급제하였다. 1592년 임진왜란 때 황해도 연안에서 의병을 일으켜 이정암과 합세하여 화공법을 구사하였다. 우봉 현령을 지냈다.
36 李臣甲(이신갑, 1554~?): 본관은 全州, 자는 藎卿. 1613년 증광시에 급제하였다.
37 劉漢良(유한량, 1530~?): 본관은 미상, 자는 而直. 內資寺 正을 지냈다.
38 李繼祿(이계록, 1538~?): 본관은 富平, 자는 仲綏. 1582년 생원시에 합격하고 1591년 참봉으로 식년문과에 급제하였다. 1592년 10월 병조좌랑에 제수되었으며, 1599년 5월 형조정랑에 이르렀다.

者, 固當竊負而逃也. 今吾父能以義忘身徇國, 子當隨父之爲, 與同死生可也. 豈敢以不義之言, 聞於父乎?" 家君謂禹, 曰: "君有老親, 可以往見也." 禹卽出城而走. 然幕下異議者, 猶自囂囂, 有一士固執以爲不可守, 劉漢良厲聲曰: "如此人輩, 徒亂人意, 曳足投之城下可也." 家君亦曰: "欲去者, 吾不禁也. 勿復眊吾耳." 遂下令曰: "敢有復言出城者斬." 士卒皆呼曰: "大將不惜死, 吾輩敢不效命?" 人懷死戰之心也. 寇及近郊, 尙未合圍. 俄而趙宗男·閔仁老, 自白川領數騎, 馳來入援, 人皆壯之. 延安人沈慶祐[39], 亦自外入援.

二十八日早朝, 倭賊萬餘騎, 自西面來, 結陣于外南山及西門外五里之內. 部伍嚴精, 少無亂雜, 刀槍照日, 燦如霜雪, 紅旌紫旗, 金光銀色, 望之炫亂, 令人褫魄也. 家君乘肩輿[40], 臨城周覽, 顧謂左右, 曰: "倭賊不足畏也." 人皆口應, 以爲鎭定之言也, 實未知家君中情, 已有易輿之心也. 倭賊數十騎, 自陣中突出, 騎白馬負白旗一賊將, 當先而行, 周視城郭, 行到北山. 背上之旗. 忽然中折. 家君指曰: "此賊戰敗之兆也." 軍中頗怪. 俄而, 賊繫書于矢, 射入城中.

其書, 乃我國吏胥輩所撰也. 雜以吏讀, 拙澁無比, 大略以爲, 「朝鮮八道, 皆已潰散, 莫敢交鋒, 有何愚妄者, 敢爲守城之計乎? 若有殺將來降者, 賤人則免賤, 兩班則授職.」云云, 卽燒之. 賊又

---

39 沈慶祐(심경우, 1543~?): 본관은 미상. 자는 君吉.
40 肩輿(견여): 좁은 길 같은 데를 지날 때 잠시 쓰는 간단한 상여.

以書射送, 乃諺書也。其意以爲, 倭虜兵力, 萬無不勝之理, 千金之軀, 顧不惜哉? 今夜, 自東邊遁去, 則可以免禍矣.」末端有云: "我國被擄人通事金善慶謹狀."云云, 又燒之。

善慶者, 大呼問之曰: "何以不答乎?" 家君以爲, "不可答." 幕下士相議曰: "可以大言恐喝之." 卽裁答送之。其略曰:「天兵十萬, 已攻平壤, 南軍五萬, 直向京城, 義兵三萬, 自江華浮海向海州。此城中, 亦有精兵數萬, 遠近相約, 滅賊有期。汝等被擄之輩, 乘夜逃來, 則可以生活矣.」善慶者, 又送答書曰:「天將祖承訓[41], 大敗而還, 全羅監司到龍仁[42]潰走, 高敬命[43]·趙憲[44]皆敗死, 此奇想

---

41 祖承訓(조승훈): 명나라 장수. 몽고와 만주의 여러 부족에 대응하기 위해 심양에 주둔했던 요양 부총병으로 임진왜란 때 조선에 파견된 선발대 장수이다. 겨우 5천의 군사로 평양성을 공격했으나 부장 史儒를 포함해 절반이 넘는 명군이 전사하는 대패를 당하고 압록강을 넘어 본국으로 도주했다.
42 龍仁(용인): 경기도 중앙부에 있는 고을. 동쪽은 광주시·이천시, 서쪽은 의왕시·수원시·화성시·평택시, 남쪽은 안성시, 북쪽은 성남시·광주시와 접한다.
43 高敬命(고경명, 1533~1592): 본관은 長興, 자는 而順, 호는 霽峯·苔軒. 아버지는 대사간 高孟英이며, 어머니는 진사 徐傑의 딸이다. 1552년 진사가 되었고, 1558년 식년문과에 장원으로 급제해 成均館典籍에 임명되고, 이어서 공조좌랑이 되었다. 그 뒤 홍문관의 부수찬·부교리·교리가 되었을 때 仁順王后의 외숙인 이조판서 李樑의 전횡을 논하는 데 참여하고, 그 경위를 이량에게 몰래 알려준 사실이 드러나 울산군수로 좌천된 뒤 파직되었다. 1581년 영암군수로 다시 기용되었으며, 이어서 宗系辨誣奏請使 金繼輝와 함께 書狀官으로 명나라에 다녀왔다. 이듬해 서산군수로 전임되었는데, 明使遠接使 李珥의 천거로 從事官이 되었으며, 이어서 종부시첨정에 임명되었다. 1590년 承文院判校로 다시 등용되었으며, 이듬해 동래부사가 되었으나 서인이 실각하자 곧 파직되어 고향으로 돌아왔다. 1592년 임진왜란이 일어나 서울이 함락되고 왕이 의주로 파천했다는 소식을 전해들은 그는 각처에서 도망쳐온 官軍을 모았다. 두 아들 高從厚와 高因厚로 하여금 이들을 인솔, 수원에서 왜적과 항전하고 있던 廣州牧使 丁允佑에게 인계하도록 했다. 전라좌도 의병대장에 추대된 그는 종사관에 柳彭老·安瑛·楊

未及聞也. 幸商量處身.」云云. 已聞此言, 不可示弱, 又答曰:「天兵雖敗, 南軍雖潰, 此城不可陷, 勿復多言.」金善慶者, 見書大呼曰: "不聽吾言, 當有後悔, 愼之愼之!"

是夕, 賊進迫西城, 以火箭射城內草屋, 城中救火喧擾. 家君傳令曰: "敢有奔走喧譁者斬." 遣牙兵[45]鳴鐸巡城, 城中肅靜不譁. 而賊之火箭, 只及於近處, 久自消滅. 賊見我軍不怯, 稍退, 然而窺俟放砲者, 終日不止. 城上防牌, 少有罅隙, 輒中不虛, 皆穿楊[46]妙手也. 我軍亦以片箭, 射中十餘人.

日暮後, 賊軍寂然無聲, 意謂夕飯訖, 暫且安歇矣. 家君下令曰: "賊必欲乘我不意, 以爲急攻之計也. 諸軍其無放心, 各以炬火照臨城下, 敢有進迫者, 擊碎之. 愼勿喧譁妄動也." 分遣幕下士, 遍諭城上.

俄而, 賊果叫噪而進, 鳥銃數千, 一時齊發, 聲振天地, 丸下如雨. 是夜, 秋天明朗, 星河[47]皎潔, 而毒煙蔽塞, 咫尺之間, 不能分

　　大樸, 募糧有司에 崔尙重·楊士衡·楊希迪을 각각 임명했다. 그러나 錦山전투에서 패하였는데, 후퇴하여 다시 전세를 가다듬어 후일을 기약하자는 주위의 종용을 뿌리치고 "패전장으로 죽음이 있을 뿐이다."고 하며 물밀듯이 밀려오는 왜적과 대항해 싸우다가 아들 고인후와 유팽로·안영 등과 더불어 순절했다.

44　趙憲(조헌, 1544~1592): 본관은 白川, 자는 汝式, 호는 重峯·陶原·後栗. 1592년 임진왜란이 일어나자 옥천에서 의병을 일으켜 영규 등 승병과 합세해 청주를 탈환하였다. 이어 전라도로 향하는 왜군을 막기 위해 금산전투에서 분전하다가 의병들과 함께 모두 전사하였다.

45　牙兵(아병): 지방의 감영·병영, 중앙의 軍門에 소속되어 각 기관의 대장을 수행하는 기간병.

46　穿楊(천양): 버들잎을 뚫는다는 뜻으로, 활 솜씨가 매우 뛰어난 것을 일컬음.

47　星河(성하): 銀河를 강에 비유하여 일상적으로 이르는 말.

辨, 罔知所爲。唯幸城上守卒, 預備而待, 故不爲驚潰。蓋賊唯以兵威, 恐怵驅出之也, 實未進薄於城下也。

　三更後, 賊氣漸衰, 喊聲稍減。家君謂幕僚, 曰: "乘賊少怠, 可以驚動之。" 遂下令曰: "聞城上角聲, 城中老少男女, 一齊吶喊, 諸軍擊疾鼓以應之。" 遂使善吹角者, 登城上最高處, 吹角一通, 諸軍擊鼓吶喊, 若將出戰者然, 聲殷山岳。賊奪氣, 知我有備, 遂稍却。是夜。白川人奉堯臣[48]·趙瑞龍, 潛至城下, 持納弓矢。此人等, 唯以結義之分, 乃能相顧於急難之中, 何其義哉?

　賊人又於外南山上, 爲營造[49]之狀, 夜黑不能審見, 只聞刀鋸之聲, 待明視之, 乃飛樓[50]也。蓋賊在城下, 雖放鳥銃, 丸皆向上而去, 墜下之末勢, 不能傷人, 故乃作飛樓, 下瞰城中, 欲以鐵丸先破一隅之計也。然而飛樓之鐵丸, 只以斜中於城上之游軍, 而不能直衝於女墻之守卒, 守城之軍, 卽皆進立於女墻之下以避之。

　賊爲必破之計, 又於城堞周回處, 起飛樓, 以鐵丸斜放, 以及於女墻之下, 人多中死, 勢難保存。家君卽令諸軍泥土負石, 乃築短墻於飛樓相對之地, 衆力咸擧, 頃刻而成。又以玄字銃筒[51], 用神機箭, 仰射飛樓, 樓隨箭碎飛落。山下賊膽, 亦爲之破, 此乃勝捷之兆也。

48　奉堯臣(봉요신, 생몰년 미상): 조부는 奉義孫이며, 아버지는 奉元宗이다.
49　營造(영조): 토목·건축 등 건조물이나 시설을 만드는 것.
50　飛樓(비루): 나는 것처럼 높게 세운 누각.
51　玄字銃筒(현자총통): 임진왜란 때 쓰던 작은 대포의 한 가지. 次大箭이란 화살 끝에 화약 주머니를 매달아서 쏘는 것이다.

賊又撤閭閻屋材, 自陣前至城下, 連設木柵, 以障矢石, 遂以穀草塡於壕塹。守將來告曰: "奈何?" 家君曰: "待其平滿, 以火投之, 自然燒盡也。" 守將又告曰: "賊又以靑草, 積其上, 火不能燒。奈何?" 家君曰: "雖無壕塹, 賊豈能飛入城上乎? 唯堅守城堞, 以死拒戰。敢有附上者, 投之以火, 則賊豈敢登城乎?" 守將又告曰: "壕塹旣塡, 賊逼城下, 而勢難俯射, 無計擊却, 奈何?" 家君卽令諸軍, 撤人家舍, 乃作隔臺[52]于女墻之外。壯士數人, 入其中, 傅城之賊, 左右射之, 無不應弦而倒。

　　有一賊將, 騎白馬衣金甲, 頭鍪[53]面具[54], 督戰甚急。我軍射之, 矢下如雨, 甲堅不能穿。賊猶自擧臂指揮, 少不移避。砲手金漢傑者, 以小銃中其額, 賊飜身墮地。此前日負旗中折者也。其下逆曳而走。賊攻城益急, 人皆苦戰, 不見少却。或爲逃走之計, 黃昏後結黨於東門之內。幕下士李垍, 適以監門[55]往, 按劍當門而立, 厲聲言曰: "暮夜, 不能知某人來也, 無貴無賤, 悉斬之。" 衆遂散去。

　　有人來告曰: "太守金大鼎, 已爲逃走。" 家君, 卽令子濈往見之。大鼎棄弓解劍, 蹲坐於南城上, 見濈來, 握手痛哭曰: "自嶺南至關西, 無一處守城, 而使相獨出迂計, 至令大鼎輩, 勒爲忠臣, 果何益哉?" 濈慰諭曰: "是何怔忪之甚耶? 今夜力戰, 終成大功, 勉之勉

52　隔臺(격대): 성 위에 드문드문 지어 놓은 집. 널빤지로 짓고 총구멍을 뚫어 놓는다.
53　頭鍪(두무): 투구. 머리에 쓰는 철 모자.
54　面具(면구): 얼굴 가리개. 얼굴 보호구.
55　監門(감문): 문지기.

之." 大鼎悶默而退。蓋大鼎初欲逃去, 而爲李垍所阻, 馳還戰所也。家君不欲的發, 置而不問。

 以此城中洶洶, 人無固志, 村家婦女, 多有痛哭者。家君乃坐於積薪之上, 令家僮數人, 持火炬列立左右, 約曰:"賊若陷城, 卽焚之, 免我於凶鋒也." 軍中皆感泣, 奮然大呼曰:"大將迫於死, 吾輩何用生爲?" 人皆力戰, 城堞守卒, 有或戰死者, 則他人爭先代立, 猶恐不及。無不一當百。別將張應祺·軍官閔海壽[56], 最爲力戰, 以强弓俯射之, 賊雖被重鎧者, 箭皆沒羽。幕下士睦孝範[57], 先爲火攻之計, 束草作炬, 分給諸處, 用之不竭。終夜巡城, 督戰不懈, 七十老人, 强健如此也。北城之賊, 夜深不退, 戰方酣。

 忽於西門上, 喊聲大起, 馳往見之, 賊已登城矣。蓋賊接戰于北城, 乘西門無備, 作長梯, 令勇軍數人, 豫載於梯上, 用引索, 自壕塹之外, 橫竪於城上。守卒倉卒遇賊, 不能抵當, 各自潰散。而唯幸賊不審地勢, 掛梯於曲城之上, 故賊雖登城, 前路廻曲, 不能突入。守將李大春[58], 卽抱火, 塞斷於出來之路, 大聲呼諸軍。潰卒復集, 或投火把, 或投藁草, 賊阻火不能踰入。衆皆出死力爭, 以木石擊之, 兩軍相搏, 聲振山岳。然梯上之賊, 蟻附而上, 前者雖

---

56 閔海壽(민해수, 1560~?): 본관은 驪興. 자는 太叟. 1584년 별시무과에 급제하였다.

57 睦孝範(목효범, 1523~?): 본관은 泗川. 자는 世則. 증조부는 睦哲卿이며, 조부는 睦昇平이다. 아버지는 생원 睦致祥이다. 부인 坡平尹氏는 尹世英의 딸이다. 1558년 진사시에 합격하였다.

58 李大春(이대춘, 1555~?): 본관은 延安. 자는 元伯. 아버지는 李智蕃이다. 동생은 李大秋이다. 1584년 무과에 급제하였다.

死, 後者繼進, 勢難殺退.

忽然東風大作, 吹起煙焰, 火飛如走, 燒斷長梯. 我軍踴躍而進, 登城之賊, 碎爲肉醬. 遂列立於雉堞之間, 唯以炬火無數投下, 火烈風猛, 延爇於百步之外. 前日所設木柵, 是夜燒盡焉. 又以大石放下, 或以沸湯灌之, 賊皆糜爛. 平明視之, 屍積城下, 不可勝數.

西門接戰之時, 賊又攻南城急. 武士李夢說·趙儉等, 力戰却之. 已而, 賊鳴螺遂退, 屯於舊陣. 城中婦女, 爭持壺漿, 酌進於家君, 曰: "令監願一嘗." 莫不揮淚以謝.

是日, 賊又作衝車, 百道俱進, 我軍乘勝力戰, 擊却之. 日晚, 賊又設木柵, 進迫城下, 昨夜, 戰死之屍, 皆收拾而去, 積於一處而焚之. 賊又作長梯數十, 將欲再戰, 我軍作火炬, 照耀於城堞之間, 鼓噪之聲, 終夜不歇, 賊驚懼不敢進.

其後賊中逃還人言: "賊謂延安之人, 煮煖城石, 勢難攀上.' 云." 圍城五日, 賊遂遁去, 將士猶欲追擊, 家君曰: "士氣則未衰, 而馬飢已久, 不可野戰. 孤城得全, 實是天幸, 萬一蹉跌, 臍可噬乎[59]?"

只令諸軍揮旗擊鼓, 若將追擊, 賊乍行乍住, 狼狽而走. 將士立於城上, 以片箭射之, 亦多中者. 所得賊物, 刀槍百餘柄, 旗幟百餘竿, 牛馬百餘頭, 米豆數百石, 鳥銃鐵甲, 亦多收拾. 戰用之具, 自此稍備云.

---

59 臍可噬乎(제가서호): '噬臍'를 활용한 표현. 배꼽을 물어뜯으려 하여도 입이 닿지 아니한다는 뜻으로, 후회하여도 이미 때가 늦음을 이르는 말이다.

▎왜적의 재침과 퇴각

○ 賊退之日, 城中解嚴[60]。余亦困臥幄中, 委棄四肢, 若將不能起。北山候騎[61], 忽然馳來告曰:"賊又自西邊入來。想賊巡回山後, 若往而復者也。"俄而, 賊軍來到, 屯住於舊陣處, 城中復爲戒嚴。余亦驚起, 馳往城上, 疲困頓醒, 不自知其爲勞也。遙望賊陣, 旌麾器械, 簫然無色。意謂賊戰敗之後, 未及措備而然也。

將士皆曰:"賊數不如前日之多。"相顧疑訝之際, 賊忽自退走。蓋賊戰敗之後, 海州留賊, 悉令招集, 而未到之前, 恐我軍乘勝襲擊, 遽向白川。海州之賊, 今始來到, 見其大軍已爲敗走, 驚駭而走。若於此時, 出兵追擊, 則可以殲盡一軍, 而不能詗知賊情, 失此機會, 深可惜也。

翌日, 海州別將李英, 來獻賊馘數顆及兵器數十件曰:"昨日登山遙望, 則賊軍狼狽而走, 行到新川, 陷于泥潭, 自相踐踏。俟其過去, 收拾道路遺棄之物以獻云。

▎연안성 수호와 승전 기록

○ 勝捷之後, 釃酒椎牛, 大饗將士於南山上, 適九月九日也。遙望延白之境, 倭賊大肆焚蕩, 煙焰漲天, 乃遣兵迎擊。遂於山上, 擊鼓吹螺, 歌舞雜陳, 歡呼抃躍之聲, 終日不歇, 賊望見奪氣, 大敗

---

60 解嚴(해엄): 경계 태세를 발령한 것을 해제하는 것을 이르는 말.
61 候騎(후기): 적의 형편이나 지형 따위를 정찰하고 탐색하는 임무를 띤 기병.

而走。幕僚有獻詩章者, 家君遂和其韻。有'九死期全節, 孤城對落暉'之句。幕僚相視抆淚, 莫不感歎。

　道內義兵皆來會, 軍聲益壯, 分遣精兵, 把截來路, 賊之出郊焚蕩者, 輒卽追擊捕斬。自壬辰九月, 至癸巳正月上旬, 逐日出兵, 與賊交鋒, 大小六十餘戰, 斬馘二百餘級。賊雖欲報讐, 每爲野戰所敗, 終不得再犯延城。

　而自延以北, 沿海十餘邑, 人民流散者, 得還其家, 守宰逃難者, 各歸其邑。兩湖命脈, 自此始通, 南邊消息, 行朝使命, 往來絡繹。一片孤城, 保障江淮[62]者, 蓋如此云。

▎ 전란과 충절의 길

○ 壬辰之變, 自上屢下親征之敎, 以示必守之意, 而宮中多貿繩鞋, 司僕之內, 鞍馬已具, 人皆知都城之不守, 爭爲避亂之計, 出歸鄕曲, 日以千數。家君時任吏曹參議, 長在政房[63], 不知閭閻之事, 唯信上敎, 促令家屬入居城中。祖母謂子弟, 曰: "二子王臣, 義當從君, 其餘三子, 皆從老身往豐德[64]避亂可也."[65] 遂賃舟下鄕。

---

62 江淮(강회): 江은 長江, 淮는 淮水를 가리킴. 나라의 중대한 요지 또는 남쪽으로 통하는 길목이라는 의미이다. 安祿山과 史思明이 반란을 일으켰을 때 睢陽城이 반란군에 포위되어 성 안에 양식이 고갈되자 사람들은 모두 성을 버리고 도주하자고 하였으나 張巡과 許遠은 "수양은 江淮의 보장이다. 만약 이 성을 버리고 떠나면 적이 반드시 승세를 타고 깊이 쳐들어올 것이니, 그렇게 되면 강회는 없게 될 것이다."라고 하면서 끝까지 수양을 지키다 전사한 데서 나온 말이다.
63 政房(정방): 政廳. 吏曹나 兵曹의 銓官이 궁중에서 정사를 보던 곳.

余從容請於家君, 曰:"自內行裝已具, 都下之人, 莫不知之。許多家屬, 莫如預爲出避也。"家君曰:"自上下敎丁寧, 以示必守之意, 爲臣子者。固當效死勿去。奈何先爲逃走乎?"余再請曰:"母親不必入城同守也。"家君曰:"汝不知命官命婦之義乎? 倘或不幸, 都城不守, 則夫婦同死, 節義雙成, 可也。吾今年過半百, 何惜一死, 偸生於草莽間乎?"余念家君不可回意, 而避亂之計, 亦不可不措。遂與伯仲, 謀曰:"家中馬匹小而婦女多, 若一朝倉卒, 勢將僵死道路, 兄須先往鄕莊, 接置妻子後, 收拾人馬, 以爲後計, 可也。"伯仲皆然其計, 遂下鄕。余之妻母, 亦已出寓于陶山, 荊布[66]獨隨我在京。余以倉卒搬運爲憂, 乃率妻往陶山, 寄置于妻母之家。

翌日, 馳還京洛, 忽遇避亂之人, 彌滿道路, 皆言:"大駕今曉已爲出去, 城中一空。"云。四月晦日也。余聞此言, 不覺爽魂, 馳到泥峴[67]大家, 則奴僕數人, 痛哭謂余, 曰:"今曉大駕出去, 令監未及扈駕, 出寓門外本宅, 遂與夫人自盡。"云。俄而, 一婢馳來告曰:"令監及夫人, 皆已甦。"云。蓋父母欲爲自盡之計, 而恐爲家屬所

---

64 豐德(풍덕): 경기도 개풍군 남부에 있는 고을.
65 아들 5명만 언급되고 있으나, 李廷馨의《知退堂集》권4〈先君墓碣〉에 따르면, 이준의 조부 李宕(1507~1584)은 첫째부인 전주이씨(李守䋖의 딸) 소생 1명과 둘째부인 義城金氏(金應辰의 딸) 소생 6명을 두고 있음.
66 荊布(형포): 荊釵布裙의 준말. 가시나무로 비녀를 하고 베치마를 입었다는 뜻으로, 부인의 검소한 차림을 뜻하는 말. 곧 아내를 의미한다.
67 泥峴(이현): 서울특별시 중구 충무로2가 중국대사관 뒤편에서 세종호텔 뒷길에 이르는 고개.

沮, 乃往門外本家, 乘家屬未及出來之前, 遂自縊。家小[68]適得來
到, 泥峴大母, 亦爲繼至, 得以救活, 天幸天幸。余得的奇[69], 心神
稍定。馳馬出來, 道逢太倉[70]盜米者, 充塞街巷, 不能透行。加以
風雨大作, 負米者委棄道中, 松峴[71]之路, 米積沒脛。

回望三闕[72], 已爲焚燼。王子諸宮, 米麪各司, 盡燒焉。人心如
此, 可勝痛哉! 歸拜父母, 相對痛哭而已。避亂之策, 罔知所爲。余
請於家君, 曰: "許多家屬, 勢難一時搬運, 父親當先往扈駕, 而家
屬處置之事, 子等留此, 隨便爲之, 可也。"家君曰: "老身不能獨
行。汝亦從之, 可也。"泥峴大母曰: "吾等無用女子, 死不足惜, 而
丈夫千金之軀, 顧不重歟? 令公及尹姪曁二孫, 今須先爲出去。吾
等隨後處置, 可也。"言色甚厲, 不敢違忤。且不可婹婀[73]度日。

翌朝, 家君與尹舅曁濬·湋[74]二子, 各騎一馬, 出向西路, 行到碧
蹄[75]。家君謂余, 曰: "賊不久當到京城。忍令家屬, 坐而待死乎?

---

68 家小(가소): 처와 자식을 낮추어 이르는 말이나, 여기서는 '집안 식구들'의 의미.
69 的奇(적기): 틀림없는 확실한 기별.
70 太倉(태창): 조선시대 廣興倉의 별칭.
71 松峴(송현): 서울특별시 종로구 법정동.
72 三闕(삼궐): 경복궁, 창덕궁, 창경궁.
73 婹婀(암아): 婹娿. 머무적거리는 모양.
74 濬湋(준위): 李廷馣과 尹光富의 딸 坡平尹氏 사이에 태어난 直長 셋째아들 李
濬(1570~1599)과 증 공조 좌랑 넷째아들 李湋(1572~1592). 첫째아들은 현감을
지낸 李濋(1562~1614), 둘째아들은 증 형조정랑 李浦(1565~1594), 다섯째아들
은 奉事 李浲(1574~?)으로 李沔으로 개명하였고, 두 딸은 宋廷光과 尹溍에게
시집갔다. 송광정은 宋大立의 아들이고, 윤진은 尹安性의 아들이다.
75 碧蹄(벽제): 碧蹄館. 조선시대 경기도 고양군 碧蹄驛에 설치된 客館. 벽제역은
고양군 동쪽 15리 지점에 있는데, 우리나라 사신이 중국으로 갈 때나 중국의 사

今日尙早,　汝可馳還京家。率家屬來寓於西山[76]之麓。使之出沒林藪, 庶延須臾之命也。" 余卽率人馬馳還京家。家君與尹舅·湋弟, 皆留於西山。蓋西山, 碧蹄至近之地也。

　翌日, 余用小轎奉大母, 載於卜馱之上。母親及舅妻弟妻, 各騎一馬, 二妹同騎一匹。婢僕數人, 各持糧斗。余乃帶劍徒行, 間關跋涉, 到于西山。卽刻陪家君, 馳向松京, 留舅與弟, 看護家屬。是日, 投宿于坡州[77]仲氏之莊。翌日, 到松京, 大駕方爲留住。

　有人來傳, "倭賊已入都城,　京山避亂之人。多被兵燹之禍。" 云。及聞此奇, 鬱悶如焚, 意謂西山恐難免也。翌日, 家奴忽自豐德來告曰: "西山行次, 昨日已到豐德。" 云。蓋伯兄聞大駕西幸, 收拾人馬, 馳向京城, 中道聞賊已入城, 不能直進, 慮或一家出寓西山, 直往見之, 則果然來到, 故卽爲陪來。天幸何極? 數日之內, 再蒙天幸, 豈非吾親積善之所致耶?

▮ 전란 속 자결과 희생

　○ 仲嫂, 驪興閔氏也。年十六, 移天[78]于仲, 甚有婦道。當亂之初, 與仲往寓于坡州村莊。家君西歸之日, 過宿于其家, 勉之曰:

　　신이 우리나라에 와서 서울로 들어가기 하루 전에 반드시 머물렀던 곳이다.
76　西山(서산): 경기도 고양군 벽제면 仙遊里. 현재 경기도 고양시 덕양구 선유동이다.
77　坡州(파주): 경기도 북서부에 있는 고을. 동쪽은 양주시, 서쪽의 남부는 한강을 경계로 김포시, 북부는 임진강을 경계로 개풍군과 접한다.
78　移天(이천): 하늘로 모시고 따르는 존재가 바뀌었다는 말로, 출가했음을 뜻함.

"時事至此, 難免一死. 毋汚我家門." 閔氏改容謝之, 臨別謂余, 曰: "此後更難逢, 好去好去!" 遂痛哭不能已.

到松京未幾, 仲家奴來告曰: "倭賊猝至, 搜括山中, 禽獼草薙. 仲與嫂一時遇賊. 嫂則知不免, 乃自剄而死, 賊怒分斷其身首. 遂及於仲, 亂斫而去. 然仲則適伏於巖石林藪之間, 賊之凶刃, 不得直下, 故雖無一處完膚, 而命脈則不絶, 今得負曳渡江."云. 余卽備擔具, 馳往見之, 瘡處雖多, 而精神不昏, 若得善調, 則庶可不死矣. 遂率往豐德寓所, 晝夜救活, 瘡處始爲向差.

及烏頭[79]失守之後, 一家自錢浦[80], 渡江到白川地, 將向海州. 此時代步[81]些少, 婦女皆爲徒行. 病兄則勢難輸去, 乃作虛冢, 自傍穿穴, 若隧道然, 使病人臥於床上, 推納於冢中. 令奴婢二人守之, 約曰: "賊來, 汝可塞穴而走. 賊去之後, 卽來開之." 仍與糧數石, 曰: "此糧未盡之前, 瘡處想差矣. 勉之勉之." 一家之人, 皆繞墳痛哭而去, 此日罔極之情, 何啻於死別也哉? 不忍言, 不忍言.

及到海州, 道梗不聞消息. 父母日以煎慮[82], 遂使家僮百端勸誘, 從山谷乘夜間行[83]. 直抵其處, 窺見冢中, 則仲乃不死而生, 臥

---

79 烏頭(오두): 烏頭山城. 경기도 파주시 탄현면 성동리에 있는 고대 산성. 한강과 임진강이 합류하는 지점에 위치하고 서해에서 한강 혹은 임진강을 따라 내륙으로 들어가는 관문에 해당하여 일찍부터 군사·지리적 요충지로 인식되어 왔다.
80 錢浦(전포): 포구 이름. 개성 서쪽 36리에 있었다. 당나라 宣宗이 장삿배를 따라 바다를 건너 이곳에 이르렀을 때 감탕[泥濘]이 갯가에 가득하여 배 안에 있는 돈을 꺼내어서 깔고 뭍에 올랐기 때문에 붙여진 이름이라 한다.
81 代步(대보): 걸음을 대신하다는 뜻으로, '탈 것'을 의미함.
82 煎慮(전려): 몹시 초조하여 마음을 졸임.

於其間。見僕驚喜問答, 仍謂曰:"瘡處未盡合口, 不得行步, 茲未與汝偕往也。汝可歸報消息, 數日後再來, 率我而歸也。"家僮馳還以告, 一家聞之, 悲慰不自勝。

時倭賊始入海州, 一家又爲移避, 入于平州牧丹山[84], 得空寺寓焉。卽遣人召仲, 當還之日, 擧家跂望[85]。晡時, 仲騎馬從山路, 宛然來到, 如見死人, 又如夢中, 悲喜交極, 心神怳惚, 不能定也。

仲有二子, 當初遇賊之日, 婢僕竊負而逃, 其後不知存歿。未幾, 一家移入江都, 遣人尋覓, 則其幼病死, 長則率來。卽慶胤姪也。

賊退之後, 仲收拾閔氏骸骨, 具棺槨, 葬於先壟。而閔氏貞烈之行, 方伯啓聞朝廷云。

▍전란 속 가족의 비극과 천명

○ 當亂之初, 一家多聚於豐德。家君以爲當此朝夕待死之時, 一家咸萃一處, 設若遇賊, 無遺類矣。遂遣渾·洋二弟, 各率妻孥, 往牛峯避亂。蓋洋之婦翁, 在牛峯, 渾之婦翁, 倅江西, 欲令渾轉達于其處矣。

未幾, 賊陷平壤, 西路不通, 而一路留屯之賊, 日以剽掠殺戮爲

---

83 間行(간행): 사잇길로 감.
84 牧丹山(목단산): 황해도 연안군 아현리 모래산. 아현리의 동북쪽 봉천군 석사리와의 경계에 있는 산이다.
85 跂望(기망): 발뒤꿈치를 들고 멀리 바라봄.

事。二弟在牛峯, 長在山上, 竄伏於林藪之間。一日, 賊猝至山中, 湋弟遇賊被害, 痛哉痛哉! 人皆言:"兵亂之時, 橫罹鋒刃者。不可勝數, 豈皆天命乎?"

此言似是, 而余以仲之生·弟之死觀之, 莫非命也。仲初遇賊時, 滿身亂斫而不死, 亂斫之後, 數日不食, 露臥雨中而不死, 至於入冢之後, 萬無復生之理, 而終至不死, 是則命之不死之時也。

仲之遇賊之時, 弟固無恙, 唯以仲病爲憂, 豈知數月之內, 仲則生, 而渠則死乎? 滿山隱伏之人, 皆得免禍, 而弟獨遇害, 益知其命之不幸也, 加勝痛哉! 仲則當死而生, 弟則當生而死, 非命, 能如是乎?

굶주림 속의 의리

○ 烏頭失守之後, 自錢浦渡牛浦[86], 仍留數日。適有一船, 來泊浦口, 或曰:"乘舟中流, 則避亂最妙。"云。伯氏率家僮, 往問之, 欲爲賃舟同騎, 而其舡人, 乃與其族人, 相約而來到者也, 他人則少無相救之意。俄而, 其族十餘人來到, 遂卽登舟, 而同來牛隻, 舡小不能載, 棄于江邊, 呼家僮, 言曰:"此牛可惜, 爾須牽去用之。" 家僮携得三頭而來, 其一, 童牛也。遂謀於余, 曰:"彼童牛不堪馱載, 眞無用物也, 以備一饌如何?"

---

86 牛浦(우포): 황해도 연백군 운산면에 있는 마을.

余念:'此牛固非盜竊之物, 而老親久未醒口, 食飮頓減, 可以一供於甘旨也.' 卽令烹飪[87], 手自割切, 獻于家君。家君初不知之, 問故卽色變曰:"君子雖渴, 不飮盜泉之水[88], 吾雖飢甚, 豈可食盜牛之肉乎?" 遂却之。

余卽請曰:"家君之敎, 不已過乎? 子早服家庭之訓, 不義之事, 不欲爲也。而今有盜牛之說, 不勝惶悚也。竊人之物謂之盜也。此牛則其主與之, 而家僮受之, 衆所知也。豈可謂之盜乎? 受來之後, 捐一無用之物, 以救十口之飢餒, 何傷於義乎? 不傷於義者, 尤不可謂之盜也。子竊惑焉。"家君曰:"人各有所見, 汝則食之, 無以勸我也。"余爭之良久, 而終不下筋。家君耿介之行, 雖在流離困頓之時, 凜如秋霜皎日, 不可尙已。而余之盜字之辨, 未知君子之論, 以爲如何也。書而俟之。 ■[89]

---

87 烹飪(팽임): 삶고 지져서 음식을 만듦.
88 不飮盜泉之水(불음도천지수): 盜泉은 중국 山東省 泗水縣에 있는 샘 이름.《淮南子》〈說林訓〉에 이르기를 "공자가 도천을 지나가면서 목이 말라도 마시지 않았으니, 그 이름을 싫어한 것이다.(孔子過於盜泉, 渴矣而不飮, 惡其名也.)"라고 한데서 나온 말이다.
89 萍庭 金鑢(1766~1822)가《稗官雜記》등의 야사 및 잡록을 모은 叢書《寒皐觀外史》권68에〈遜齋日記〉로 명명하여 수록되어 있음.

임진일기壬辰日記

· 부록 ·

연안대첩

　임진왜란 때인 1592년 8월 28일부터 9월 2일에 걸쳐 초토사(招討使) 이정암(李廷馣)이 의병을 이끌고 연안성(延安城)에서 구로다(黑田長政)의 왜군과 싸운 전투이다.
　임진왜란이 일어났을 때 이정암은 이조참의로 재직하였다.
　선조가 파천을 단행하자 뒤늦게 그 사실을 알고 왕을 뒤쫓아 개성에 도착하였다. 그는 이미 해직된 터라 개성유수(開城留守)로 있는 아우 이정형(李廷馨)과 함께 개성을 지키려 하였다. 그러나 임진강의 방어선이 무너져 개성을 지킬 수 없음을 알고 황해도 연안으로 들어갔다.
　부사로 있을 때 쌓은 정이 있어 부민(府民)들이 모여들었고, 조종남(趙宗男) 이하 수십 명이 의병을 일으킬 것을 권하였다. 이정암은 권고를 즉각 받아들여 약서책(約誓冊)에 의병자원자의 성명을 적고, 1592년 8월 초순경에는 의병 조직을 끝냈다.
　왕세자로부터 초토사로 임명된 이정암은 의병 약속(義兵約束)으로 8개 항을 제시하였다. ①적진에 임하여 패하여 물러가는 자는 참수한다. ②민간에게 폐를 끼치는 자는 참수한다. ③주장(主將)의 일시의 명령이라도 어기는 자는 참수한다. ④군기를 누설한 자는 참수한다. ⑤처음에 약속했다가 후에 가서 배반하는 자는 참수한다. ⑥논상할 때 적을 사살한 것을 으뜸으로 하고 목을 베는 것을 그 다음으로 한다. ⑦적의 재물을 얻은 것은 모두 상금으로 준다. ⑧남의 공을 빼앗은 자는 비록 공이 있다 해도 상을 주지 않는다. 이렇게 이정암은 연안성을 사수할 것을 결의하고 500여 명의 의병을 조련(操鍊)시켰다.

8월 22일 입성할 때 성 안의 민가는 모두 비어 있었다. 그러나 성을 지킨다는 소식을 듣고 피란 갔던 사람들이 속속 돌아오고 도망했던 부사도 돌아왔다. 그러나 입성한 지 채 5일이 안 되어 해주에 본거지를 두었던 일본장군 구로다가 5,000~6,000명의 군대를 이끌고 침입하였다. 8월 27일부터 9월 2일까지 치열한 공방전이 벌어진 끝에 일본군은 크게 패해 무수한 인명 피해, 병기·군량 등의 손실을 보았다.

초토사 이정암은 전투 경과를 보고하는 대신에, 단지 "모일(某日)에 성을 포위했다가 모일에 풀고 갔다.(某日圍城某日解去)"라는 여덟 글자만 행재소에 전하였다. 그러나 사실이 곧 알려져 초토사 이하 유공장병은 상직(賞職)을 받고, 이정암은 본도 순찰사에 임명되었다.

연안대첩으로 연안 이북 연해 10여 읍의 떠돌던 백성들이 집으로 돌아가고, 도피한 수령들도 본읍으로 돌아갈 수 있었다. 더욱

이 단절되었던 충청도와 전라도의 사람과 물자가 연안성을 통해 행재소와 내왕할 수 있었다.

〔한국민족문화대백과사전, 집필자 이장희, 한국학중앙연구원〕

조카 이준 제문

　만력 27년(1599) 기해년 8월(丁丑朔) 그날, 숙부인 내가 맑은 술과 때에 맞는 제수를 마련하여 직장(直長) 벼슬에 있던 조카의 영전(靈前)에 제사를 지낸다. 아아, 슬프도다!
　내가 일찍이 한퇴지(韓退之)가 지은 〈조카의 아들 한방(韓滂)의 묘지명〉을 읽은 적이 있는데, 그 글에 이르기를, "하늘이 본래 그렇게 낳은 것인가, 우연히 스스로 태어난 것인가? 하늘이 그를 죽인 것인가, 우연히 스스로 죽은 것인가?"라고 하였으니, 그 구절을 볼 때마다 거듭 반복해 읽으며 슬퍼하지 않은 적이 없었다. 이제 네 죽음을 당하여 나는 더욱 비통하다. 비통한 퇴지의 마음이 곧 나와 같구나.
　너는 타고난 자질의 바탕이 매우 고상하고 총명함이 남달라서 일가친척 가운데 뛰어났으니, 내가 너를 사씨(謝氏: 晉나라 謝安) 집안의 보배로운 나무라 여겨 더없이 중하게 여겼다. 너도 응당 내 마음을 알 것이다.
　중씨(仲氏: 둘째 형 李廷馣)가 연안성(延安城)을 지킬 때 너는 같이 포위되어 있으면서 충성과 의리를 떨치며 장수와 군사들을 격려하고 나라에 몸 바치려 기약하고서 끝내는 대적(大賊)을 꺾고 외로운 성을 보전했으니, 사람들은 너의 공이 크다고 하였다. 나는 남다르다 여겨, "과연 나의 기대한 바를 저버리지 않았구나."라고 하였다.

대가(大駕)가 서해에서 도성으로 돌아오다가 연안을 지나갈 때, 중씨의 공을 더욱 높이 평가하여 특별히 자손 가운데 한 사람을 참상직(參上職)에 제수하도록 명하니, 이조에서 너를 주부(主簿)로 임명하고 이내 현감에 제수하였다. 너는 형이 있음을 상소로 아뢰며 힘써 사양하고, 마침내 그 벼슬을 형에게 양보하였다. 나는 더욱 기특하게 여겨 이르기를, 그 어짊이 남을 훨씬 능가했다고 하였다.

감역관·수운판관·금오랑에 제수된 것도 모두 재능이 있어서 공정히 선발된 것이니, 그 재주가 남보다 뛰어났고 마음에 있는 바가 이와 같았다. 그러나 천수를 얻지 못하여 젊디젊은 서른에 갑자기 요절하였으니, 내가 슬퍼하고 마음 아파하며 아깝게 여기는 것이 응당 어떠하겠느냐.

중씨는 마침 상중에 있으면서 또다시 너의 죽음을 보았으니 슬퍼함이 지나쳐서 마음이 상하였다. 내가 위로하며 마음을 달래니, 중씨가 말하기를, "사람이면 누군들 자식을 잃지 않을 것이랴? 사람이면 누군들 일찍 죽지 않을 것이랴? 그러하지만 내가 이 아이를 사랑하고 기특하게 여기며 아비와 아들 사이의 마음이 서로 통하여 잘 안다고 여겼는데, 이제 단명한 까닭으로 내가 본래 슬퍼해도 소용없음을 알면서도 절로 슬픔이 지나치게 되는 것을 알지 못하겠다."라고 하였다. 내가 이 말을 듣고는 저도 모르게 눈물이 마구 흘러내렸으니, 도리어 형의 슬픔을 더하게 하였다. 네 혼령이 어둡지 않으니 어둡고 어두운 가운데에서도 이 말을 들었는가? 듣지 못했는가?

지난해 가을에 풍덕(豐德)에서 너를 만나 너의 모습을 보니 수척하고 까만 것이 이미 심하였다. 내가 위태롭게 여겨 말하기를, "네 기색을 보니 필시 상(喪) 치르는 일을 이겨내지 못할 것 같아 음식을 더 먹도록 권하며 모친상을 끝까지 치를 것을 마음에 두어라."라고 하였다. 그 뒤 나는 춘천(春川)으로 돌아가고 너는 진위(振威: 평택)로 갔는데, 네가 병이 위중하다는 말을 들었으나 길이 너무 동떨어지게 멀어 안부를 묻지 못하다가 끝내 다시 얼굴을 서로 보지 못한 채 갑자기 흉한 부음을 듣기에 이르니, 내 마음의 비통함이 어찌 다함이 있겠는가.

백씨(伯氏: 첫째 형 李廷翰)는 네가 죽은 지 14일 만에 가벼운 병으로 급작스럽게 세상을 떠났으니, 한 집안의 흉사를 어찌 차마 말로 할 수 있겠는가? 네 처자식들은 더욱 의지할 곳이 없으니, 생각할수록 더욱 가슴이 미어진다.

내가 백씨의 상에 곡하러 달려왔다가, 이윽고 너의 영전에 술을 따르고 네 자식들을 위로하였다. 지금 또다시 백씨의 장례를 치르는 일로 여기에 이르렀는데, 너 또한 한 언덕에 같이 장례하니 또 한 잔 술을 부어 너와 작별하고 제문을 지어 곁들이며 나의 심정을 간략히 적어 바친다. 아울러 하늘이 선량한 이에게 인자하지 않으면서 절로 나고 절로 죽는 대로 맡겨 둔 듯함을 원망한 것은 나의 은애와 비통을 조금이나마 풀고자 하는 것이니, 너의 혼령이 이를 헤아려 주기를 바란다. 아아, 슬프도다. 흠향하라.

祭猶子瀋文

維萬曆二十七年歲次己亥八月丁丑朔其日, 叔父某以淸酌時羞, 致祭于猶子直長之靈。嗚呼哀哉! 余嘗讀退之作〈姪孫韓滂[1]墓誌〉, 有曰: "天固生之耶? 偶自生耶? 天殺也耶? 偶自死耶?"未嘗不三復而悲之。今於汝之死也, 余益悲之。悲退之之情如余也。汝資質稟甚高, 聰明俊邁, 出於群從中, 余視爲謝家之寶樹[2], 甚珍重之。汝應知余心也。仲氏之守延城也, 汝同在圍中, 忠義奮發, 激礪將士, 期以身殉國, 終乃挫大賊, 全孤城, 人以爲汝之功爲多矣。余奇之, 謂果不負吾所期待也。及大駕自西海還京師, 過延安, 益加仲氏之功, 特命除一子參上職[3], 吏部除汝主簿, 旋拜縣監。汝以有兄在, 陳疏力辭, 竟以其官讓兄。余益奇之, 謂其賢過

---

1 韓滂(한방): 韓愈의 둘째 형 韓介의 아들인 韓老成의 차남.
2 謝家之寶樹(사가의 보수): 훌륭한 자제를 비유하는데 쓰는 말. 晉나라 때 謝安이 그의 조카 謝玄에게 어떤 자제가 되고 싶으냐고 묻자, 그가 대답하기를, "비유하자면, 芝蘭과 옥수가 뜰에 나게 하고 싶습니다."라고 했다는 데에서 유래된 말이다.
3 參上職(참상직): 6품 이상 정3품 堂下까지의 관직.

於人遠矣。監役官·水運判官·金吾郎之除, 皆以有才, 公選之, 其才之過人·心之所存如是。而不得其年, 青春三十, 遽爾夭折, 余之悲痛悼惜者, 宜如何也。仲氏方在喪中, 又見汝之死, 哀過而傷。余慰解之, 則曰: "人孰不喪子? 人孰不夭死? 吾愛奇此子, 父子之間, 以爲知心, 今以短折, 吾固知哀之無益而自不知哀之過也。" 余聞此語, 不覺涕泗之橫流, 還以益兄之悲也。汝之精靈不昧, 冥冥之中, 其聞此語也耶否。去年之秋, 値汝於豊德, 見汝之貌, 瘦黑已甚。余危而語之曰: "觀汝氣色, 必不能勝喪, 勉加飮食, 以念終考[4]。" 厥後, 吾還春川, 汝往振威[5], 聞汝病重, 而道路懸遠, 不得問訊, 終至於不得更相會面, 而忽聞凶訃, 余懷之悲, 曷有其極? 伯氏於汝死之後十四日, 以微恙奄忽捐館[6], 一家凶禍, 尙忍言哉? 汝之家小, 益無所依賴, 念之尤可痛也。余奔哭伯氏之喪, 因酹汝之靈, 弔汝之孤。今又以蒞伯氏襄事[7]到此, 汝亦同葬于一壟, 又奠一盃以訣汝, 作文侑之, 畧敍余之心事。且怨天之不仁於善良而若任其自生自死者, 以洩余之恩哀, 靈其諒之。嗚呼哀哉! 尙饗。

〔知退堂集, 권4, 祭文〕

---

4 考(고): 원칙상 妣를 써야 하나, 관습적으로 父母喪의 통칭처럼 쓴 것임. 음력 1597년 7월 생모 坡平尹氏(尹光富의 딸)의 상을 일컫는다.
5 振威(진위): 경기도 평택시 지역의 옛 행정구역.
6 捐館(손관): 살던 집을 버리다는 뜻으로, 죽음을 비유적으로 이르는 말.
7 襄事(양사): 장례를 치르는 일.

후손기

　이 책의 역주자 전남대학교 신해진 석좌교수 겸 명예교수가 본인에게 손재 선생의 후손으로서 글을 써달라고 요청해 거절할 수 없어 경과를 적어본다.
　4남 2녀 중 셋째 아들로 태어난 본인은 우리 세대의 첫째가 아니면 대부분 그랬듯 성장 과정에서나 성인이 된 후에도 집안에 대한 책임감 없이 자유롭게 살아왔다.
　3형제 중 장남이셨던 선친 방촌께서는 장손으로서 유달리 책임감을 느끼시며 그 책무를 다하시려는 삶을 사셨던 분이셔서 기회 있을 때마다 늘 족보를 펼쳐 놓으시고 설명을 해주셨고, 경주이씨 시조 알평 선조님으로부터 당신의 후손을 포함한 계보로 병풍을 제작하셔서 제사 때마다 조부모님 신위 뒤에 펼쳐놓으시고 예를 갖추셨다.
　방촌께서 세상을 떠나신 후에야 비로소 필자가 자식들에게 경주이씨의 내력을 알려 주어야 함을 자각하고 "뿌리 찾기"를 시작하였다. 하여 2015년 6월 17일 서울 구반포에서 성균관대학교 사학과 이장희 교수를 만나 뵌 적이 있다. 이장희 교수는 퇴우당 이정암 선생에 대한 이야기를 알려 주고, 〈서정일록〉 번역본을 포함한 자신의 저서와 백사 이항복의 연성대첩비 비문 번역문을 건네주었다. 자신의 숙부께서 선영을 없앤 것에 못내 아쉬워하며, 필자의 경우 예산 선영이 잘 보존되어 있다는 사실을 듣고는 매우 부러워하였다. 예산 선영은 방촌께서 각고의 노력을 기울여 조성해 놓으신 것이다. 2017년부터 『경주이씨종보』를 구독하기 시작했다.

2022년부터 퇴재공(평택), 혜은공(평택), 오재공(고양), 국당공(파주), 청백리공(파주) 선조님들의 향사를 직접 참가하며 족보의 내용이 선조님들의 묘소 위치와 일치함을 알았고, 각 종회에서 수백 년 동안 향사를 모셔 오고 있다는 사실을 확인하고 놀랐다.

2023년 2월 5일에 "경주이씨국당공파퇴재공종회" 이사회에서 평택에 소재하고 있는 퇴재공종회 유적을 문화유산으로 등록하는 것이 가능한지 알아보도록 본인에게 임무가 맡겨졌.

오재공 사당이 본래 서울에 있었고 임진왜란으로 소실되자 퇴재께서 1594년에 선대 3위의 신위를 다시 제(題)하여 평택(당시 진위)에 모셨다는 기록이 《지퇴당집》에 적혀 있다는 사실을 강원대학교 정용건 교수의 2022년 『어문론집』 논문을 통하여 알게 되었다. 일면식이 없었지만 카톡, 이메일, 전화 등 방법을 통하여 정용건 교수로부터 많은 도움을 받았다. "임진란정신문화선양회"에 이정함·이준 부자를 "퇴재공이정함선생후원회" 명의로 신청하여 가입되었다.

 2024년 10월 3일에 (사)임진란정신문화선양회가 주최, 퇴재공 이정함선생후원회/민세아카데미 공동 주관으로 국제대학교에서 학술대회를 개최하게 되었을 때, 이정함선생후원회 사무국장 자격으로 정용건 교수에게 이정함·이준 선조님에 대한 발표를 요청했었는 바, 기꺼이 초청을 수락하고 "이정함·이준 부자의 임란 시기 활약과 그 추모 양상"이라는 주제로 발표를 하였는데, 이때 이준 선조님의 〈임진일기〉가 《사류재집》에 실려 있음을 알았다.

 2025년 10월 3일에 "이정함·이준 부자를 기리며"라는 주제로 학술대회를 개최하고자 기획하면서 이정함 선조님과 이준 선조님에 대한 발표를 정용건 교수와 신해진 교수에게 각각 부탁하였다. 정용건 교수에게는 《사류재집》과 《지퇴당집》에 기술되어있는 이정함 선조님 관련 내용을 번역하고 발표하는 것을, 신해진 교수에게는 〈임진일기〉를 번역하고 발표해 줄 것을 요청하였다. 신해진 교수는 〈서정일록〉을 3차원적으로 이미지화하여 『사류재 이정암 서정일록』으로 번역서를 낸 바가 있어서 발표를 요청하였던 것이다. 신해진 교수는 본인과 일면식도 없고 다른 연구과제로 인하여 시간 내기가 어려운 상황에서 초청을 수락해 준 것에 감사하다.

 〈임진일기〉 번역 과정에서 이준 선조님의 호(號) 문제를 확인할 수 있었다. 사실 종로에 사시는 모곡공 이경운(1623~1674) 후손이신 강우 종친님이 2024년 5월 8일에 본인에게 27세 이준(1570~1599)

선조님과 28세 이경수(1610~1674) 선조님의 호가 동일하게 "둔재(遯齋)"로 족보에 적혀 있어 의아하다는 문제를 제기하신 적이 있었다. 이상하다고 생각하던 참에 정용건 교수와 신해진 교수 두 분께서 사류재집 〈이자명재설(二子名齋說)〉에 사류재께서 이준 선조님의 호를 '손재(遜齋)'로 정해 준 글이 있음을 알려 주었다.

손재 이준 선조님은 퇴우당 이정암(1541~1601) 선조님의 3남으로 태어나 후사가 없던 퇴재 이정함(1534~1599) 선조님의 양자로 입적한 분이다. 손재께서는 오재공의 제자 윤우신의 딸과 결혼하여 두 분의 딸을 두었는데, 첫째는 정도형에게 둘째는 심의에게 시집갔다. 손재 선조님의 휘가 〈서정일록〉에 가장 많이 26회 나타나 있다. 임진왜란 선무원종공신이고 백사 이항복(1556~1618)의 연성대첩비에 따르면 이정암 선조께서 "… 쌓아놓은 풀더미에 앉아 '城이 함락되면 네가 풀더미에 불을 붙여라.'"(이장희 전집 9권, 708~709면)라고 한 것으로 적혀 있다. 임진왜란 전쟁 종료 후에 이 나라에 머물러 있던 명나라 장수에게 욕을 당함이 큰 원인이 되어 병을 얻어 30세에 작고하셨음은 안타까운 일이다. 나라가 힘이 없으면 예나 지금이나 외국에 당하고 짓밟히고 힘들게 사는 것이 현실이다. 손재께서는 평택 장안동에 잠들어 계시다.

《숙종실록》 28년 3월 27일 기사에 "황해도 연안(延安)의 사민(士民)들이 이정암(李廷馣)의 사우(祠宇)를 세워서 같은 시기에 성(城)을 지킨 사람으로 조광정(趙光廷)·송징윤(宋徵潤)·장응기(張應祺) 및 이정암의 아들 이준(李濬)을 배식(配食)하는 것으로 상소하여 은액(恩額)을 하사(下賜)하기를 청하니, 해조(該曹)에 품처하도록 명하였다. 이후에 복주(覆奏)하니, 허락하였다."라고 적혀 있다. 한편 족보에 외손 봉사로 적혀 있지만, 2022년 당시에 외손이나 퇴재공 종회에서 그분을 위한 향사를 올리는 것을 필자는 보지 못하였다. 의인을 잊고 있었다. 필자가 종회 운영상 문제점을 지적하자, 2023년에 비로소 퇴재공 종회에서 향사를 올렸다. 그분의 영혼이 외롭지 않으셨을까.

신해진 교수도 당신이 현재 양자의 입장으로서 손재 선생에게 연민의 정을 느끼는 동시에 〈임진일기〉 내용의 학문적 중요성을 파악하고, 보고사를 통하여 별도로 책자를 발행하고자 하는 제안을 하니, 학계에 있는 사람으로서 신해진 석좌교수의 뜻에 동의하고 수용하는 것이 사회에 득이 된다고 판단한다.

2025년 8월 24일
이치우[*]

---

[*] 고려대학교 신소재화학과 명예교수. 경주이씨국당공파혜은공종중 회장.

찾아보기

ㄱ

강도(江都) 17, 53
강서(江西) 54
강음(江陰) 20, 66
강화(江華) 17, 25, 63
강회(江淮) 40, 75
개성(開城) 85
거빈(去邠) 61
격대(隔臺) 29, 71
경성(京城) 25, 46, 47
고경명(高敬命) 25, 68
구로다(黑田長政) 85, 86
금산촌(金山村) 17
김대정(金大鼎) 19, 30, 65
김덕함(金德諴) 17, 19, 63
김려(金鑢) 82
김선경(金善慶) 24, 25
김한걸(金漢傑) 29

ㄴ

남산(南山) 39

ㄷ

대교(大橋) 18, 63
도산(陶山) 43, 44
도천(盜泉) 58, 82

ㅁ

목단산(牧丹山) 52, 80
목효범(睦孝範) 31, 72
민인로(閔仁老) 18, 22, 63
민해수(閔海壽) 31, 72

ㅂ

박춘영(朴春榮) 17, 63
배천(白川) 16, 17, 22, 38, 39, 50, 62
벽제(碧蹄) 46, 77
변렴(邊濂) 18, 64
봉요신(奉堯臣) 27, 70
북산(北山) 24, 37
북성(北城) 31
비루(飛樓) 28, 70

ㅅ

서문(西門) 23, 31-33
서산(西山) 46-78
송경(松京) 15, 46, 49, 61
송덕윤(宋德潤) 19, 64
송현(松峴) 77
송현동(松峴洞) 45
신기전(神機箭) 28
신천(新川) 38

심경우(沈慶祐) 22, 67

ㅇ

여흥민씨(驪興閔氏) 49
연안(延安) 16, 19, 20, 39, 62, 85
연안대첩(延安大捷) 86
연안성(延安城) 19, 21, 40, 85-88
오두산성(烏頭山城) 50, 57, 79
외남산(外南山) 23, 27
용인(龍仁) 25, 68
우봉(牛峯) 54
우준민(禹俊民) 20-22, 66
우포(牛浦) 57, 81
유한량(劉漢良) 21, 22, 66
이경윤(李慶胤) 53
이계록(李繼祿) 21, 66
이기(李墍) 30
이남(李湳) 77
이대춘(李大春) 32, 72
이몽열(李夢說) 33
이신갑(李臣甲) 21, 66
이영(李英) 38
이위(李湋) 46, 54, 55, 77
이정암(李廷馣) 61, 85, 86
이정형(李廷馨) 61, 85
이준(李濬) 17, 19, 21, 30, 46, 77
이천(伊川) 19, 64
이현(泥峴) 76
이현동(泥峴洞) 44, 45

이홍(李泓) 54, 77
이화(李澕) 77
임진(臨津) 15, 62
임진강(臨津江) 85

ㅈ

장봉서(張鳳瑞) 19, 64
장응기(張應祺) 19, 31, 64
전포(錢浦) 50, 57, 79
전현룡(田見龍) 20, 65
정여충(鄭汝忠) 21, 66
조검(趙儉) 33
조광정(趙光庭) 19, 64
조서룡(趙瑞龍) 27
조승훈(祖承訓) 25, 68
조응서(趙應瑞) 18, 63
조정견(趙庭堅) 17, 19, 63
조종남(趙宗男) 17, 22, 63, 85
조헌(趙憲) 25, 69
증산(甑山) 18
진위(振威) 90, 92

ㅊ

초토사(招討使) 19, 21, 85, 86
춘천(春川) 90
충거(衝車) 33

ㅌ

태창(太倉) 44, 77

ㅍ

파주(坡州)　46, 49, 78
평양(平壤)　25, 54
평주(平州)　52
풍덕(豊德)　41, 47, 50, 54, 76, 90

ㅎ

한방(韓滂)　88, 91
한퇴지(韓退之)　88
해서(海西)　16, 19
해주(海州)　16, 20, 21, 25, 38, 50-52, 62
현자총통(玄字銃筒)　28, 70
화산(花山)　62
화산촌(花山村)　16

임진일기
壬辰日記

◆ 영인자료 ◆

《四留齋集》 권12 附錄, 한국고전번역원

여기서부터는 影印本을 인쇄한 부분으로 138쪽부터 보십시오.

受之衆所知也。豈可謂之盜乎。受來之後捐一無同
之物以救十口之飢餒何傷於義乎不傷於義者尤
不可謂之盜也。子竊惑焉家君曰人各有所見汝則
食之無以勸我也。余爭之良久而終不下飾家君耿
介之行雖在流離困頓之時凜如秋霜皦日不可尚
已而余之盜字之辨未知君子之論以爲如何也書
而俟之。

壬辰遺事　　　　　　　載延安誌

李忠穆公曾爲延倅時牧民禦衆之才爲人所心服。
故諸壯士往告以守城之意公義而許之與之偕來。

而同來牛隻舡小不能載棄于江邊呼家僮言曰此
牛可惜甫須牽去用之家僮攜得三頭而來其一童
牛也遂謀於余曰彼童牛不堪駄載真無用物也以
備一饌如何余念此牛固非盜竊之物而老親久未
醒口食飲頗減可以一供於甘旨也即令烹飪手自
割切獻于家君家君初不知之問故即色變曰君子
雖渴不飲盜泉之水吾雖飢甚豈可食盜牛之肉乎
遂却之余即請曰家君之教不已過乎子早服家庭
之訓不義之事不欲為也而今有盜牛之說不勝惶
悚也竊人之物謂之盜也此牛則其主與之而家僮

日不食露臥雨中而不疪至於入塚之後萬無復生之理而終至不疪是則命之不疪之時也仲之遇賊之時弟固無慼唯以仲病爲憂豈知數月之內仲生而渠則疪乎滿山隱伏之人皆得免禍而弟獨遇害益知其命之不幸也可勝痛哉仲則當死而生弟則當生而死非命能如是乎○烏頭失守之後自錢浦渡牛浦仍留數日適有一般來泊浦口或曰乘舟中流則避亂最妙云伯氏率家僮往問之欲爲賃舟同騎而其舡人乃與其族人相約而來到者也他人則少無相救之意俄而其族十餘人來到遂卽登舟

方伯啓聞朝廷云。○當亂之初。一家多聚於豐德
家君以爲當此朝夕待兎之時。一家咸萃一處。설若
遇賊無遺類矣。遂遣渾澤二第率妻孥往牛峯避
亂蓋渾之婦翁在牛峯渾之婦翁俾江西欲令渾轉
迬于其處矣。未幾賊陷平壤西路不通而一路留屯
之賊日以剽掠殺戮爲事。二弟在牛峯長在山上竄
伏於林籔之間。一日賊猝至山中渾弟遇賊被害痛
哉痛哉。人皆言兵亂之時橫罹鋒刃者不可勝數矣
皆天命乎。此言似是而余以仲之生弟之兎觀之莫
非命也。仲初遇賊時滿身亂斫而不兎亂斫之後數

見儻驚喜問答仍謂曰瘡瘍未盡合口不得行步茲未與汝偕往也汝可歸報消息毀日後再來率我而歸也家僮馳還以告一家聞之悲慰不自勝時倭賊始入海州一家又為移避入于平州牧丹山得空寺寓焉即遣人召仲當還之日舉家跂望踊時仲騎馬從山路宛然來到如見死人又如夢中悲喜交拯心神怳惚不能定也仲有二子當初遇賊之日婢僕竊負而逸其後不知存歿未幾一家移入江都遣人尋覓則其幼病死長則率來即慶亂姪也賊退之後仲收拾閔氏骸骨具棺櫬葬於先隴而閔氏貞烈之行

夜救活瘡憂始爲向差及爲頭失守之後一家自錢
浦渡江到白川地將向海州此時代妓妹必婦女皆
爲徒行病兄則勢難輸去乃作厓塚自傍穿咒若隧
道然使病人卧於床上推納於塚中令奴婢二人守
之約曰賊衆汝可塞咒而走賊去之後卽来開之仍
與糧數石曰此糧未盡之前瘡憂想差矣勉之勉之
一家之人皆繞墳痛哭而去此日罔極之情何啻於
訣別也妣不忍言不忍言及到海州道梗不聞消息
父母日以煎慮遂使家僮百端勸誘從山谷乘夜間
行直抵其處窺見塚中則仲乃不妣而生卧於其間

有婦道當亂之初與仲往寓于坡州村店家君西歸之日過宿于其家勉之曰時事至此難免一炬母污我家門閔氏改容謝之臨別謂余曰此後更難逢好去好去遂痛哭不能已到松京未幾仲家奴来告曰倭賊猝至搜括山中禽獼草薙仲與嫂一時遇賊嫂則知不免乃自刭而炬賊怒分斷其身首遂及於仲亂斫而去然仲則適伏於巖石林毅之間賊之凶刃不得直下故雖無一慮完膚而命脉則不絶今得負曳渡江云余即備擔具馳徃見之瘡處雖多而精神不昏若得善調則庶可不死矣遂率往豊德寓所晝

劒徒行間開跋涉到于西山即刻陪家君馳向松京留舅與弟眷護家屬是日投宿于坡州仲氏之庄里日到松京 大駕方為留住有人来傳倭賊已入都城京山避亂之人多被兵燹之禍云聞此奇愕悶如焚意謂西山恐難免也翌日家奴忽自豊德来告曰西山行次昨日已到豊德云蓋伯兄聞 大駕西幸收拾人馬馳向京城中道聞賊已入城不能直進慮或一家出寓西山直徃見之則果然来到故即過陪来天幸何挻數日之内再蒙天幸豈非吾親積善之所致耶○仲嫂驪興閔氏也年十六移天于仲甚

而丈夫千金之軀顧不重歟令公及尹姪暨二孫今
須先為出去吾等隨後處置可也言色甚厲不敢違
忭且不可婥妸慶日翌朝家君與尹舅暨澕湋二子
各騎一馬出向西路行到碧蹄家君謂余曰賊不久
當到京城忍令家屬坐而待死乎今日尚早汝可馳
還京家率家屬來寓於西山之麓使之出没林藪靡
延湏史之命也余卽率人馬馳還京家家君與尹舅
湋弟皆留於西山盖西山碧蹄至近之地也翌日余
用小轎奉大母載於卜䭾之上母親及舅妻弟妻各
騎一馬二妹同騎一匹婢僕數人各持糧斗餘乃帶

家累家屬未及出來之前遂自艦家小適得來到泥峴大母亦為繼至得以救活天幸天幸余得的奇心神稍定馳馬出來道逢太倉盜米者充塞街巷不能透行加以風雨大作負米者委棄道中松峴之路米積沒脛圍堂三間已為焚燬王子諸宮米麪各司盡燒焉人心如此可勝痛哉歸拜父母相對痛哭而已避亂之策固知所為余請於家君曰許多家屬勢難一時搬運父親當先往且駕而家屬處置之事子等留此隨便為之可也家君曰老身不能獨行汝亦從之可也泥峴大母曰吾等無用女子尼不足惜

將僵死道路 兄領先往鄉庄接置妻子後 收拾人馬
以為後計可也 伯仲皆然 其計遂下鄉 余之妻母亦
已出寓于陶山剃布獨隨我在京 余以倉卒搬運為
憂 乃率妻往陶山寄置于妻母之家 翌日馳還京洛
忽遇避亂之人彌滿道路 皆言 大駕今曉已為出
去城中一空 云四月晦日也 余聞此言不覺癸魂馳
到泥峴大家 則奴僕數人痛哭 謂余曰 今曉 大駕
出去 令監未及扈駕 出寓門外本宅 遂與夫人自
盡云 俄而一婢馳來告曰 令監及夫人皆已甦云 蓋
父母欲為自盡之計 而恐為家屬所沮 乃往門外本

弟曰二子 王臣義當從 君其餘三子皆從老身
往豐德避亂可也 遂貰舟下鄉 余從容請於家君曰
自内行裝已具都下之人莫不知之許多家屬莫如
預爲出避也 家君曰 自上下教丁寧以示必守之
意爲臣子者固當效死勿去奈何先爲逃走乎 余再
請曰母親不必入城同守也 家君曰汝不知命官命
婦之義乎倘或不幸都城不守則夫婦同死節義雙
成可也 吾今年過半百何惜一死偷生於草莽間乎
余念家君不可回意而避亂之計亦不可不措也 遂
與伯仲謀曰家中馬匹小而婦女多若一朝倉卒

月至癸巳正月上旬逐日出兵與賊交鋒大小六十餘戰斬馘二百餘級賊雖欲報讐每為野戰所敗終不得再犯延城而自延以北泊海十餘邑人民流散者得還其家守宰逃難者各歸其邑兩湖命脉自此始通南邊消息 行朝使命徃來絡繹一片孤城保障江淮者盖如此云○壬辰之變自上屢下親征之教以示必守之意而宮中多買繩鞋司僕之内鞍馬已具人皆知都城之不守爭為避亂之計出歸鄉曲日以千數家君時任吏曹叅議長在政房不知間巷之事雖信 上教促令家屬入居城中祖母謂子

來獻賊馘數顆及兵器數十件曰昨日登山遙望則
賊軍狼狽而走行到新川陷于泥濘自相踐踏俟其
過去收拾道路遺棄之物以獻云○勝捷之後釀酒
椎牛大饗將士於南山上適九月九日也遣兵迎擊遂於山
之境倭賊大肆焚蕩烟焰漲天乃遣兵迎擊遂於山
上擊鼓吹螺歌舞雜陳歡呼抃躍之聲終日不歇賊
望見奪氣大敗而走幕僚有獻詩章者家君遂和其
韻有九死期全節孤城對落暉之句幕僚相視攷淚
歎不感歎道內義兵皆來會軍聲益壯分遣精兵把
截來路賊之出郊焚蕩者輒即追擊捕斬自壬辰九

騎忽然馳来告曰賊又自西邊入来想賊巡回山後復為往而復者也俄而賊軍来到屯住於舊陣廠城中若往而復者也俄而賊軍来到屯住於舊陣廠城中為勞也遙望賊陣旋麾器械蕭然無色意謂賊戰敗之後未及措備而然也將士皆曰賊縶不如前日之多相顧疑訝之際賊忽自退走盖賊戰敗之後海州留賊悉令招集而未到之前恐我軍乘勝襲擊遍向白川海州之賊今始来到見其大軍已為敗走驚駭而定若於此時出兵追擊則可以殲盡一軍而不能詗知賊情失此機會深可惜也翌日海州別將李英

我軍作火炬照耀於城堞之間鼓噪之聲終夜不歇
賊驚懼不敢進其後賊中逸還人言賊謂延安之人
贵燵城石勢難攀上云圍城五日賊遂遁去將士猶
欲追擊家君曰士氣則未衰而馬飢已久不可野戰
孤城得全寶是天幸萬一蹉跌臍可噬乎只令諸軍
揮旗擊皷若將追擊賊作行作住狼狽而走將士立
於城上以片箭射之亦多中者所得賊刃刀鎗百餘
柄旗幟百餘竿牛馬百餘頭米豆數百石鳥銃鐵甲
亦多收拾戰用之具自此稍備云〇賊退之日城中
鮮嚴余亦困卧幄中委棄四肢若將不能起此山俠

我軍踴躍而進登城之賊碎爲肉醬遂列立於雉堞之間惟以炬火無數投下火烈風猛延燕於外前日所設木柵是夜燒盡焉又以大石放下戒以沸湯灌之賊皆糜爛平明視之屍積城下不可勝數西門接戰之時賊又攻南城急武士李夢說趙儉等力戰却之已而賊鳴螺遂退屯於舊陣城中婦女爭持壺漿酌進於家君曰令監顧一當莫不揮淚以謝是日賊又作衝車百道俱進我軍乘勝力戰擊却之日晚賊又設木柵進迫城下昨夜戰死之屍皆收拾而去積於一處而焚之賊又作長梯數十將欲再戰

不退戰方酣忽於西門上喊聲大起馳往見之賊已登城矣蓋賊接戰于北城乘西門無備作長梯令勇軍數人預戴於梯上用索自壕塹之外撗竪於城上守卒倉卒遇賊不能抵當各自潰散而惟幸賊不審地勢掛梯於曲城之上故賊雖登城前路廻曲不能突入守將李大春即抱火塞断於出来之路大聲呼諸軍潰卒復集或授火把或投藁草賊阻火不能踰入衆皆出死力爭以木石擊之兩軍相搏聲振山岳然梯上之賊蟻附而上前者雖死後者繼進勢難殺退忽然東風大作吹起烟焰火飛如走燒断長梯

垍所阻。馳還所也。家君不欲的發置而不問以此城中涵洒人無回志。村家婦女多有痛哭者。家君乃吆於積薪之上令家僮發人持火炬列立左右約曰。賊若陷城即炎之兔我於函鋒也。軍中皆感泣奮然火呼曰大將迫於炮吾輩何用生為人皆力戰城堞守卒有戢戰炮者則他人爭先代立猶恐不及無不一當百別將張應祺軍官閔海壽最為力戰以強弓俯射之賊錐被重鎧者箭皆沒羽幕下士睦孝範先為火攻之計束草作炬分給諸廛用之不竭終夜城堞戰不懈七十老人強健如此也此城之賊夜深

身墮地此前日員旗中折者也其下遂曳而走賊攻
城益急人皆苦戰不見必却或爲遁走之計黃昏後
結黨於東門之內幕下士李坦適以監門往按劍當
門而立厲聲言曰暮夜不能知其人來也無貴無賤
悉斬之衆遂退去有人來告曰太守金大卽已爲遁
走家君卽令子濬往見之大卽棄弓解劍蹲坐於南
城上見濬來握手痛哭曰自嶺南至關西無一處守
城而使相獨出迋計至令大卽輩勤爲忠臣果何益
扵瘡慰諭曰是何怛惻之甚耶今夜力戰終成大功
勉之勉之大卽悶黙而退盖大卽初欲遁去而爲李

来告曰。奈何家君曰。待其平滿以火投之。自然燒盡
也。守將又告曰。賊又以青草積其上火不能燒奈何
家君曰錐無壕壍賊豈能飛入城上乎。唯堅守城堞。
以死拒戰敢有附上者投之以火則賊豈敢登城乎
守將又告曰壕壍既填賊逼城下而勢難俯射無計
擊却奈何家君即令諸軍撤人家舍乃作隅臺于女
墻之外。壯士數人入其中傳城之賊左右射之無不
應弦而倒有一賊將騎白馬衣金甲頭鍪面具皆戰
甚急我軍射之矢下如雨甲堅不能穿賊猶自舉臂
指揮少不移避砲手金漢傑者以小銃中其額賊翻

勢不能傷人故乃作飛樓下瞰城中欲以鐵丸先破一隅之計也然而飛樓之鐵丸只以斜中於城上之游軍而不能直衝於女墻之守卒守城之軍即皆進立於女墻之下以避之賊爲必破之計又於城堞周回處起飛樓以鐵丸斜放以及於女墻之下人多中疺勢難保存家君即令諸軍泥土員石乃築短墻於飛樓相對之地衆力咸擧頃刻而成又以玄字銃筒用神機箭仰射飛樓隨箭碎飛落山下賊膽亦爲之破此乃勝捷之䄂也賊又撤間閭屋材自陣前至城下連設木柵以障矢石遂以穀草填於壕塹守將

驅出之也寶未進薄於城下也三更後賊氣漸衰喊
聲稍減家君謂幕僚曰乘賊必怠可以驚動之遂下
令曰聞城上角聲城中老幼男女一齊吶喊諸軍擊
疾鼓以應之遂使善吹角者登城上最高處吹角一
通諸軍擊鼓吶喊若將出戰者然聲殷山岳賊奪氣
知我有備遂稍却是夜白川人奉充巨趙瑞龍潛至
城下持納弓矢此人恃惟以結義之分乃能相顧於
患難之中何其義我賊人又於外南山上為營造之
狀夜黑不能審見只聞刀鋸之聲待明視之乃飛樓
也蓋賊在城下雖放為銃丸皆向上而去墜下之末

消滅賊見我軍不働稍退然而窺俟故砲者終日不止城上防牌必有礦隙輒中不盡皆穿楊妙手也我軍亦以片箭射中十餘人日暮後賊軍寂然無聲意謂夕飯訖暫且安歇矣家君下令曰賊必欲乘我不意以爲急攻之計也諸軍其無放心各以炬火照臨城下敢有進迫者擊碎之愼勿喧譁妄動也分遣幕下士遍諭城上俄而賊果吶喊而進鳥銃數千一齊發聲振天地九下如雨是夜秋天明朗星河皎潔而毒烟蔽塞咫尺之間不能分辨間知所爲唯莘城上守卒預備而待故不爲驚潰蓋賊惟以兵威恐働

三萬自江華浮海向海州此城中亦有精兵數萬速
近相約滅賊有期汝等被擄之輩乘夜逃來則可以
生活吳普慶者又送答書曰天將祖承訓大敗而還
全羅監司到龍仁潰走高敬命趙憲皆敗死此奇想
未及聞也幸商量慶身云云已聞此言不可示弱又
答曰 天兵雖敗南軍鎚潰此城不可陷勿復多言
金普慶者見書大呼曰不聽吾言當有後悔慎之慎
之是夕賊進迫西城以火箭射城內草屋城中救火
喧擾家君傳令曰敢有奔走喧譁者斬遣牙兵鳴鐸
巡城城中肅靜不譁而賊之火箭只及於近處久自

矢射入城中其書乃我國吏胥輩所撰也雜以吏讀拙澁無比大略以為朝鮮八道皆已潰散莫敢交鋒有何愚妄者敢為守城之計乎若有殺將來降者賊人則免賊兩班則授職云云即燒之賊又以書射送乃諭書也其意以為倭虜兵力萬無不勝之理千金之軀顧不惜哉今夜自東邊遁去則可以免禍矣求端有云我國被擄人通事金善慶謹狀云云又燒之善慶者大呼問之曰何以不答乎家君以為不可答幕下士相議曰可以大言恐喝之即裁答送之其略曰。天兵十萬已攻平壤南軍五萬直向京城義兵俄而趙宗男閔仁老自白川領數騎馳來入援人皆壯之延安人沈慶裕亦自外入援二十八日早朝倭賊萬餘騎自西面求結陣于外南山及西門外五里之內部伍嚴精少無亂雜刀槍照日燦如霜雪紅旋熾旗金光銀色望之炫亂令人魄眩也家君乘肩輿臨城周覽顧謂左右曰倭賊不足畏也人皆口應以為鎮定之言也實未知家君中情已有易與之心也倭賊數十騎自陣中突出騎白馬負白旗一賊將當先而行周視城郭行到此山背上之旗忽然中折家君指曰此賊戰敗之地也軍中頗怪俄而賊繫書于

復謂濟曰。此城之陷指掌可知。而君何置父於必死
之地而莫之救乎。濟曰。父有苟活之心則為子者固
當竊負而逃也。今吾父能以義忘身徇國子當隨父
之為與同兵生可也。豈敢以不義之言間於父子家
君謂禹曰。君有老親可以往見也。禹即出城而走劉
幕下異議者猶自囂囂有一士固執以為不可守
漢良厲聲曰。如此人輩徒亂人意曳足投之城下可
也象君亦曰。欲去者吾不禁也勿復聒吾耳遂下令
曰。敢有復言出城者斬士卒皆呼曰大將不惜死吾
輩取不效命人懷死戰之心也冠及近郊尚未合圍

漲天蓋賊先以兵威恐㤼驅出之也是日幕下將士論議不一從事官禹俊民寧書記鄭汝忠李臣甲等皆言今此海州之賊擧衆來攻如以千匀壓鳥卵必無幸矣幕府職是招討使相機進退以畜事刃可也豈可徒死於延城哉莫如急急出城以避凶鋒也家君曰諸公所言亦似有理但思下之民聞余守城奔走來歸一朝急棄而去之是不信也吾寧以義同死於此也恐令赤子羅於魚肉之禍而獨免其身乎仍問左右曰吾意君何從事官劉漢良李繼祿等曰以爲不可去子潚亦曰寧以義死不可幸生禹俊民

皆危之莫敢然諾獨子濬從傍力勸時延安府使金
大罵避賊遂去卽令招還又以前郡守田見龍爲延
安募謀官使之一邊收兵繕城一邊備畜糧儲遂入
居城中以爲戰守之計卽八月二十二日也于時延
安之民逃避山谷者聞家君入城扶老挈幼絡繹而
衆八城五六日男女老弱幾至二千兵卒之數足以
列立於城堞之間而戰具掃如櫟弓帶箭者不滿二
百惟備石塊木枝積於城上且於女墻之間多設釜
鼎鍑㭗以灌湯禦賊之具衆皆笑其迂八月
二十七日賊自海州江陰分道來犯四境之內烟焰

四日也。再會於齙山點兵衆至四百餘人乃以閔仁
老趙應瑞邊濂等三人分領白川之衆又以趙庭堅
金德誠趙光庭張鳳瑞等分遣列邑召募軍兵是日
王世子有教自伊川來到授以招討使之任延安人
張應祺宋德潤等亦起兵來應自此兵聲稍振家君
謂諸將士曰。今者兵衆雖多居無管轄行無器械設
若遇賊徒自潰散何用義兵為我延安一城經賊之
後雜喋稍完衆此空虛入擾而守之則倭賊必然來
攻戰而得捷則可以保障陣海西以圖恢復戰而不幸
則得其死所死亦無憾余當入延城以決死生也衆

禦而人漸會倭共欲討賊則其於國事庶可有爲也
即成回文通諭鄕曲于時大小人民慟於訛言無一
人應募者家君無可奈何將欲避兵於江華乘衣從
間道轉展出來行至白川金山村阻雨留一日其郡
人金德誠朴春榮趙宗男趙庭堅等來會皆欲謀起
義兵請以家君爲領師家君謂之曰公等能以義憤
慨討賊況如我厚受國恩者豈可以萎矣爲辭我
遂賃舟令一家子弟奉老親入于江都獨與子濚留
白川圖事初會於大橋村舍與義士數十人着名誓
約遂通文于傍近郡邑使之起兵來會即七月二十

壬辰之變。大駕去邠家君追及於松京時叔父以右承旨移授松京留守未幾大駕西幸叔父啓曰臣兄其別無職事臣願與同守此地傳曰甚善以此家君留在松京及臨津失守家君謂叔父曰此處守禦之事已無可為然君有官守不可越在他境我則既無職任可以竊負老母以延視息之命也遂奉老向海西歷白川延安到海州花山村留十數日一夕家君謂子弟曰當此國難我忍坐度日惟以老母在焉今賊禍迫頭惟待坐死不忠不孝孰甚於是哉若斜合鄉兵團鍊一廣則零賊剽竊之患可以捍

集豊切朝家記勞以表誠忠茲盟帶硜致錫貲秩風
聲義烈百載如昨邦人慕仰立祠享醊次第揭虔一
堂芬苾恩額尚稽有歎邦典爰揀齊纜特頒顯號茲
邊禮官薦酌明告。　　　　　　　　修撰趙道彬製進

春秋享祝文

維歲次某年某月某朔某日某敢昭告于忠穆公神
位惟公志卽純剛德業孔彰民受其賜昭事不忘謹
以牲幣醴齊庶品式陳明薦以兵使申令府使
金公·僉使宋公·郡守張公·生員趙公配尚饗。

壬辰日記附
　　　　　　　　　　　　　　男㴻所錄

임진일기
壬辰日記

◆ 영인자료 ◆

《四留齋集》 권12 附錄, 한국고전번역원

여기서부터 영인본을 인쇄한 부분입니다. 이 부분부터 보시기 바랍니다.

17세기 동아시아 전란실기 저역서

※ 발행일 순 수록

제목	원저	ISBN
남한일기 南漢日記	남급	978-89-8433-302-4
심양사행일기 入使瀋陽日記	선약해	978-89-8433-841-8
우산선생병자창의록 牛山先生丙子倡義錄	안창익	979-11-5516-212-5
심양왕환일기 瀋陽往還日記	위정철	979-11-5516-271-2
호산만사록 湖山萬死錄	정경득	979-11-5516-354-2
반곡난중일기 상 盤谷亂中日記	정경달	979-11-5516-535-5
반곡난중일기 하 盤谷亂中日記	정경달	979-11-5516-601-7
건주기정도기 建州紀程圖記	신충일	979-11-5516-748-9
요해단충록 1 遼海丹忠錄 卷一	육인룡	979-11-5516-862-2
요해단충록 2 遼海丹忠錄 卷二	육인룡	979-11-5516-882-0
요해단충록 3 遼海丹忠錄 卷三	육인룡	979-11-5516-902-5
요해단충록 4 遼海丹忠錄 卷四	육인룡	979-11-5516-911-7
요해단충록 5 遼海丹忠錄 卷五	육인룡	979-11-5516-917-9
요해단충록 6 遼海丹忠錄 卷六	육인룡	979-11-5516-925-4
요해단충록 7 遼海丹忠錄 卷七	육인룡	979-11-5516-982-7
요해단충록 8 遼海丹忠錄 卷八	육인룡	979-11-5516-154-8
심행일기 瀋行日記	이준	979-11-5516-979-7
북행일기 北行日記	나덕헌	979-11-6587-060-7

후금 요양성 정탐서 後金遼陽城偵探書	정충신	979-11-6587-066-9
토역일기 討逆日記	민인백	979-11-6587-072-0
괘일록 掛一錄	이조민	979-11-6587-086-7
북천일록 北遷日錄	정충신	979-11-6587-101-7
선양정 진사일기 善養亭辰巳日記	정희맹	979-11-6587-112-3
양대박 창의 종군일기 梁大樸倡義從軍日記	양경우·양형우	979-11-6587-162-8
지헌 임진일록 芝軒壬辰日錄	정사성	979-11-6587-167-3
성재 용사실기 省齋龍蛇實紀	고상증	979-11-6587-168-0
가휴 진사일기 可畦辰巳日記	조익	979-11-6587-194-9
검간 임진일기 黔澗壬辰日記	조정	979-11-6587-220-5
검간 임진일기 자료집성 黔澗壬辰日記資料集成	조정	979-11-6587-221-2
월파 류팽로 임진창의일기 月波柳彭老壬辰倡義日記	미상	979-11-6587-248-9
만휴 황귀성 난중기사 晚休黃貴成亂中記事	황귀성	979-11-6587-263-2
청강 조수성 병자거의일기 淸江曺守誠丙子擧義日記	조욱	979-11-6587-282-3
추포 황신 일본왕환일기 秋浦黃愼日本往還日記	미상	979-11-6587-298-4
청허재 손엽 용사일기 淸虛齋孫曄龍蛇日記	손엽	979-11-6587-301-1
농아당 박홍장 병신동사록 聾啞堂朴弘長丙申東槎錄	미상	979-11-6587-309-7
양건당 황대중 임진창의격왜일기 兩蹇堂黃大中壬辰倡義擊倭日記	황정미	979-11-6587-336-3
취사 이여빈 용사록 炊沙李汝馪龍蛇錄	이여빈	979-11-6587-242-7
중호 윤탁연 북관일기 상 重湖尹卓然北關日記	윤탁연	979-11-6587-388-2

중호 윤탁연 북관일기 하 重湖 尹卓然 北關日記	윤탁연	979-11-6587-389-9
약포 정탁 피난행록 상 藥圃 鄭琢 避難行錄	정탁	979-11-6587-412-4
약포 정탁 피난행록 하 藥圃 鄭琢 避難行錄	정탁	979-11-6587-413-1
농포 정문부 진사장계 農圃 鄭文孚 辰巳狀啓	정문부	979-11-6587-440-7
사류재 이정암 서정일록 四留齋 李廷馣 西征日錄	이정암	979-11-6587-448-3
설하거사 남기재 병자사략 雪下居士 南紀濟 丙子事略	남기제	979-11-6587-460-5
암곡 도세순 용사일기 巖谷 都世純 龍蛇日記	도세순	979-11-6587-480-3
용주 조경 호란일기 龍洲 趙絅 胡亂日記	조경	979-11-6587-537-4
이탁영 정만록의 임진변생후일록 李擢英 征蠻錄 壬辰變生後日錄	이탁영	979-11-6587-560-2
팔곡 구사맹 난후조망록 八谷 具思孟 亂後吊亡錄	구사맹	979-11-6587-573-2
구포 나만갑 병자록 鷗浦 羅萬甲 丙子錄	나만갑	979-11-6587-653-1
남천 권두문 호구일록 南川 權斗文 虎口日錄	권두문	979-11-6587-658-6
기재 박동량 임진일록 寄齋 朴東亮 壬辰日錄	박동량	979-11-6587-679-1
청천당심수경견한잡록 聽天堂 沈守慶 遣閑雜錄	심수경	979-11-6587-699-9
오재이유열서행일기 梧齋 李惟說 西行日記	이유설	979-11-6587-735-4
약포 이해수 난후도망록 藥圃 李海壽 亂後悼亡錄	이해수	979-11-6587-738-5
구전 김중청 강원일록 상 苟全 金中淸 講院日錄	김중청	979-11-6587-767-5
구전 김중청 강원일록 하 苟全 金中淸 講院日錄	김중청	979-11-6587-768-2
손재 이준 임진일기 遜齋 李濬 壬辰日記	이준	979-11-6587-921-1

역주자 신해진(申海鎭)

경북 의성 출생
고려대학교 국어국문학과 및 동대학원 석·박사과정 졸업(문학박사)
전남대학교 제23회 용봉학술상(2019); 제25회·제26회 용봉학술특별상(2021·2022);
제28회 용봉학술대상(2024)
제6회 대한민국 선비대상(영주시, 2024)
현재 전남대학교 석좌교수 겸 명예교수

저역서 『서류 송사형 우화소설』(보고사, 2008), 『권칙과 한문소설』(보고사, 2008), 『소대성전』(지식을만드는지식, 2009), 『증보 해동이적』(공역, 경인문화사, 2011), 『떠난 사람에 대한 그리움의 미학, 애제문』(보고사, 2012), 『요해단충록(1)~(8)』(보고사, 2019~2020), 『검간일기』(보고사, 2021), 『검간일기 자료집성』(보고사, 2021) 외 다수

임진일기
壬辰日記

2025년 10월 2일 초판 1쇄 펴냄

원저자 이준
역주자 신해진
펴낸이 김흥국
펴낸곳 도서출판 보고사

책임편집 이경민
표지디자인 김규범

등록 1990년 12월 13일 제6-0429호
주소 경기도 파주시 회동길 337-15 보고사
전화 031-955-9797(대표)
팩스 02-922-6990
메일 bogosabooks@naver.com
http://www.bogosabooks.co.kr

ISBN 979-11-6587-921-1 93910
ⓒ 신해진, 2025

정가 12,000원
사전 동의 없는 무단 전재 및 복제를 금합니다.
잘못 만들어진 책은 바꾸어 드립니다.